Wolfgang Krüger

# Küssen
## als Sprache der Liebe

Wolfgang Krüger

# Küssen

als Sprache der Liebe

© 2025 Wolfgang Krüger
1. Auflage
unter Mitwirkung von Bärbel Rothhaar
Umschlaggestaltung und Lektorat: Bärbel Rothhaar
Coverbild unter Verwendung eines Gemäldes von
Henri Toulouse-Lautrec
Verlag:
BoD · Books on Demand GmbH, Überseering 33,
22297 Hamburg, bod@bod.de
Druck:
Libri Plureos GmbH, Friedensallee 273,
22763 Hamburg
ISBN: 978-3-7693-1992-7

Küsse sind das, was von der Sprache des
Paradieses übriggeblieben ist.
Joseph Conrad

# Inhaltsverzeichnis

# Das Geheimnis des Küssens

## Liebe Leserin, lieber Leser,

küssen Sie gern? Haben Sie heute schon geküsst? Welche Bedeutung hat das Küssen in Ihrem Leben? Diese Fragen werden
Sie vielleicht erstaunen. Wir sind es gewohnt, nach unseren
Essgewohnheiten gefragt zu werden oder die Forschung will
wissen, wie oft wir lachen. Doch wir reden viel zu wenig über
das Küssen, denn hierbei handelt es sich nur um die kleine
Schwester der Sexualität. Schließlich steht das Küssen immer
im Schatten größerer Leidenschaften. Daher interessieren wir
uns eher für den Sex, die Verliebtheit und den Liebeskummer.

## Das Nischenthema

Aber wir vernachlässigen das Kussthema, obwohl die meisten
von uns gern küssen. Womöglich haben einige auch merkwür-
dige oder unangenehme Erfahrungen gemacht. Jedenfalls führen Veröffentlichungen über das Küssen ein Nischendasein. Es
gibt tausende Bücher über Liebe und Sexualität, doch es gibt
nur ein Dutzend Sachbücher, die sich mit dem Thema Küssen
beschäftigen. Und in diesen wenigen Büchern erfahren Sie fast
nichts, was Sie in Ihrem Leben umsetzen können.

Denn in diesen Büchern geht es um die Entwicklung des Küssens in den letzten Jahrhunderten, sie beschreiben das Küssen im Film und in der Literatur. Doch die Faszination des Küssens erschließt sich durch solch distanzierte Betrachtungen nicht. Und die Geheimnisse des Küssens bleiben uns auf diese Weise verborgen. Das erstaunt, denn in vielen Schlagern wird das Küssen gewürdigt. Und so trällert man: ‚Rote Lippen soll man küssen' und Max Raabe singt: ‚Küssen kann man nicht alleine'.

## Die Kussforschung

Offenbar gibt es einen großen Widerspruch. Obwohl in unserer Gesellschaft immer mehr geküsst wird, sprechen wir nicht darüber. Das ist merkwürdig, denn es gibt sogar eine Wissenschaft, die sich mit dem Küssen beschäftigt. Es ist die Philematologie – so genannt nach dem altgriechischen Wort ‚phílēma' für den Kuss. Diese Kussforschung hat in den letzten Jahren sehr an Bedeutung zugenommen und man hat erkannt, wie außergewöhnlich romantische Küsse sind. Denn sie lösen eine Explosion der Sinne aus, da in den Lippen besonders viele Sinneszellen liegen. Insofern sind die Lippen eine wichtige erogene Zone. Zudem werden beim Küssen alle Sinne angesprochen: Das Riechen, tasten, schmecken, hören und sehen. Es gibt keine Tätigkeit in unserem Leben, bei der alle Sinne zugleich derart stark beteiligt sind.

## Küsse sind eine sinnliche Kommunikation

Da wir uns beim Küssen im Gesicht sehr nahe kommen, ist es sogar lebendiger und intimer als Sex. Schließlich gibt es auch distanzierten Sex und das zeigt bereits die Sprache. Wenn Männer davon reden, dass sie eine Frau rannehmen, es ihr besorgen, es ihr zeigen, dann klingt das eher wie ein Machtkampf. Nun gibt es natürlich erzwungene Küsse. Doch romantische Küsse sind immer eine unmittelbare Begegnung, die dazu beiträgt, die Bindung in der Partnerschaft zu verstärken. Das hängt auch damit zusammen, dass Küsse eine erotische Kommunikation der Lippen und der Zunge sind, bei der wir uns intensiver spüren.

Auf diese Weise können wir beim romantischen Küssen gemeinsam in einen Rauschzustand geraten. Schließlich ist ein langer leidenschaftlicher Kuss ein sinnliches Feuerwerk, das sich so sehr steigern kann, dass wir es mitunter fast nicht mehr aushalten. Das hängt auch damit zusammen, dass der Kuss keinen Orgasmus und kein natürliches Ende kennt. Und deshalb kann sich das Empfinden beim Küssen dermaßen steigern, dass beide Partner fast vollständig von Emotionen überflutet werden.

## Der Froschkönig

Küssen ist ein unvergleichliches Erlebnis, weil wir uns hier auf eine berührende Art und Weise nahe kommen, wie das sonst kaum möglich ist. Deshalb ist das Küssen im Märchen ein Lebenselixier und häufig mit einem Erweckungserlebnis verbunden. Denken Sie nur an Dornröschen, die durch einen Kuss wieder ins Leben zurückkehrt. Und die meisten Menschen erzählen sich das Märchen vom Froschkönig so, dass man einen Frosch küssen müsse, damit er zum Prinzen wird. Offenbar hat das Küssen eine magische Bedeutung und macht uns und den anderen lebendig.

## Anspruch und Wirklichkeit beim Küssen

Wir alle kennen diese große Bedeutung des Küssens, denn in unserer Gesellschaft beginnt eine Liebesbeziehung meist mit innigen Küssen. Dies sorgt dann auch für die emotionale Verbundenheit in der Partnerschaft und die Entfremdung in der Beziehung ist hingegen stets mit einem Rückgang des Küssens verbunden. Deshalb fragen Psychotherapeuten immer beide Partner, ob sie sich noch intensiv und leidenschaftlich küssen. Wenn das nicht der Fall ist, ist dies ein Frühwarnsignal dafür, dass in der Beziehung etwas nicht stimmt.

Küsse sind offenbar ein effektives Bindemittel der Liebe. Darum ist es bedenklich, dass bei einer Statistika-Umfrage nur 18% gesagt haben, sie würden sehr gut küssen, während 21% bekannten, ihre Fähigkeit zu Küssen sei mittelmäßig. [1] Bereits diese Zahlen zeigen, dass die wirklich guten Küsser rar sind. Deshalb verwundert es auch nicht, dass 15% aller in einer Partnerschaft lebenden Erwachsenen mit der Kussqualität in ihrer Beziehung unzufrieden sind. Sie würden sich wünschen, dass der/die Partner/in besser küssen könnte. [2]

## Wenn das Küssen zur Routine wird

Sind Sie mit dem Küssen in der Partnerschaft glücklich? Was könnte man verbessern? Sie können zunächst versuchen, dem Partner kleine Körpersignale zu senden. Dann küssen Sie bewusst langsamer, streichen ihm mit den Händen zärtlich über den Kopf und beruhigen auf diese Weise den Kussprozess. Doch das gelingt nicht immer und dann sollten Sie den Versuch starten, dem Partner in einem ausführlichen Gespräch zu vermitteln, wie er besser küssen könnte.

Allerdings merken wir schnell, dass dies heikel ist. Sobald der Partner auch nur ansatzweise spürt, dass wir ihn kritisieren könnten, ist er gekränkt. Vielleicht ist er bei den Themen Geld, Ordnung oder Pünktlichkeit noch zugänglich, aber bei der Erotik ist er empfindlich. Und das hängt auch damit zusammen, dass wir alle davon überzeugt sind, es sei selbstverständlich, gut zu küssen. Man tut so, als habe man die Fähigkeit zum Küssen gleichsam mit der Muttermilch aufgesogen. Aber die Empfindlichkeit beruht auch darauf, dass sich unser Kussverhalten nur mit größeren Anstrengungen ändern lässt. Letztlich ist es immer das Endergebnis vieler Emotionen, die auch einen Ausgleich zwischen sehr konflikthaften Prozessen beinhalten. Schließlich suchen wir alle Nähe, sind gleichzeitig aber auf einen genügenden Abstand angewiesen und dieser Konflikt prägt selbst die Art und Weise unseres Küssens.

Dennoch ist es wichtig, dass wir unsere Wünsche ansprechen und dem Partner, der Partnerin klar sagen, wie er bzw. sie küssen sollte, damit wir uns wohlfühlen. Was Sie allerdings dabei beachten sollten, werde ich Ihnen in diesem Buch erklären. Ich werde Ihnen zeigen, warum das intensive Küssen so oft einen Dämpfer erleidet. Und ich werde Ihnen zeigen, wie auch Sie zu einem guten Küsser werden können, falls Sie es noch nicht sind.

# Nimmt das Küssen ab?

Doch nun behauptet der Kommunikationsexperte Hektor Haarkötter, die Zeit des Küssens sei vorbei. Die großen Filme über das Küssen seien vor Jahrzehnten entstanden und selbst im Schlager wäre das Küssen kein Thema mehr. Durch die sexuelle Revolution käme man viel schneller zur Sache, die langwierige Vorbereitung, das ‚Tändeln' wäre nicht mehr notwendig. Man brauche sich daher im Kino nicht mehr so lange mit dem Küssen aufzuhalten, sondern würde gleich ‚in der Kiste' landen. Im Zeitalter von Speed-Dating und Tinder habe es sich ausgeküsst.

Das ist natürlich eine gewagte These. Aber auf den ersten Blick sieht es so aus, als ob einiges davon stimmen könnte. Man könnte vermuten, dass das Küssen in der Kennenlernphase durch die sexuelle Aufklärung an Bedeutung verloren hat. Doch wissenschaftliche Untersuchungen widersprechen dieser Vermutung, indem sie zeigen, dass das Küssen bei Jugendlichen sehr beliebt ist. So beliebt, dass die WAZ schrieb: Jugend will nur küssen und kuscheln. [3] Das bestätigt eine Studie der Bundeszentrale für gesundheitliche Aufklärung. Sie zeigt, dass junge Menschen das erste Mal Sex immer später erleben. Ein Beispiel:

- o 2009 hatten 21% der Mädchen und 17% der Jungen im Alter von 15 Jahren sexuelle Erfahrungen.
- o Zehn Jahre später waren es nur noch 13% und 10%. [4]

Offenbar lassen sich Jugendliche wieder mehr Zeit mit der ersten Sexualität und mit der Wahl einer Partnerin, eines Partners. Und deshalb spielt das Küssen in diesem Prozess der Annäherung, in diesem Beginn des Abenteuers der Liebe eine große Rolle. Insofern wird klar: Jugendliche küssen heutzutage gern und viel.

Doch auch bei den Erwachsenen ist die Bedeutung des Küssens in den letzten Jahrzehnten gestiegen. Denn die Dauer der Küsse hat sehr zugenommen. Heute küsst man sich ca. zwölf Sekunden lang. Vor etwa 40 Jahren war es nur knapp die Hälfte. [5]

## Der Rückgang des Küssens

Allerdings gibt es durchaus einige Irritationen hinsichtlich des Küssens. Beispielsweise geht das Küssen in Japan unter jungen Menschen immer weiter zurück. Nur jeder fünfte Junge zwischen 15 und 18 Jahren wurde bereits geküsst. Bei den Mädchen ist es sogar nur jede Vierte. Dabei handelt es sich um den niedrigsten Wert seit dem Beginn der Erhebungen im Jahre 1974. Letztlich ist dies ist ein Rückgang um 13,6% bei Mädchen und 11% bei Jungen seit 2017. [6]

Experten zeigen sich darüber alarmiert. Denn der Rückgang beim Küssen liegt nicht daran, dass die Jugendlichen sofort auf den Sex zusteuern. Vielmehr sind die jungen Japaner bei der Sexualität noch zurückhaltender. Nur 12% der männlichen Jugendlichen hatten bereits sexuelle Erfahrungen, bei den jungen Frauen waren es 14,8%. Dies wirkt sich natürlich auf die Geburtenrate aus, die in Japan ohnehin sehr niedrig ist, so dass sich das bereits sehr hohe Durchschnittsalter der Bevölkerung noch weiter erhöhen wird.

## Der Rückgang des Sex

Klar ist, dass es sich hier um eine grundlegende Entwicklung und nicht nur um kurzfristige Veränderungen handelt. Dies zeigt auch die Tatsache, dass die Zahl der Schülerinnen und Schüler sehr angestiegen ist, die schon einmal masturbiert haben. Insofern kommt der Kolumnist und Soziologe Tamaki Kawasaki zu der Überzeugung, junge Japaner würden sich nach der Pandemie vom Sex abwenden, es gäbe eine Abkehr von echter körperlicher sexueller Aktivität.

## Schöne neue Welt

Nun ist ein solcher Rückzug von der Liebe, die man offenbar als schwierig und kompliziert betrachtet, nicht neu. Bereits Anfang der dreißiger Jahre beschrieb Aldous Huxley in dem Roman ‚Schöne neue Welt' eine Gesellschaft, in der das Glück wie eine Droge verabreicht wurde. Es gab keine echten Gefühle mehr, keine Konflikte, keine Kriege. Es war eine sterile Welt, in der es keine echten Begegnungen mehr gab. Durch einen naturwissenschaftlichen Fortschritt wurde eine Welt geschaffen, in der man kein Herzklopfen, keinen Liebeskummer, keine schmachtenden Küsse mehr kannte. Also Chemie anstelle von Leidenschaften.

# Die Kussmaschine

Daran fühlte ich mich erinnert als ich las, dass ein Chinese eine Kussmaschine erfunden hatte. Ihm ging es um eine technische Lösung von Kussproblemen, indem er das Küssen auf weite Entfernungen realisieren wollte. Schließlich würden viele Menschen unter einer Fernbeziehung leiden. Für sie ist das kleine Gerät mit den Silikon-Lippen gedacht, das man an das Handy anschließen kann. Sie sollen auf diese Weise lebensechte Küsse austauschen können.

Der Erfinder Jiang Zhongli führte selbst zu Studienzeiten eine Fernbeziehung und daraus entstand die Inspiration für die Kussmaschine, die sich über einen Ladeanschluss mit einem Smartphone koppeln lässt. Über eine App können sich Paare miteinander verbinden, ein Videogespräch beginnen und sich küssen.

## Elektrische Signale

Für die Kusserfahrung sorgen Sensoren, die die Bewegungen der Lippen in elektrische Signale umwandeln und an den Anderen übertragen, wo dann die Signale wieder in mechanische Bewegungen umgesetzt werden. Auf diese Weise wird ein Kuss nachgeahmt, und selbst die entsprechenden Geräusche werden reproduziert. Die patentierte Kussmaschine kostet etwas mehr als 40 Dollar.

Bei Menschen mit einer Fernbeziehung stieß diese Erfindung durchaus auf Interesse. Auf der chinesischen Shopping-Website

Taobao hinterließen dutzende Kunden eine positive Bewertung. So schrieb ein Mann von der ‚besten Überraschung', die er seiner Freundin bereitet habe. Ihr sei die Kinnlade heruntergefallen, als sie es benutzte. Doch die Werbevideos des handgroßen Geräts führten mitunter eher zu einer Reaktion von Belustigung oder massiver Ablehnung und die meisten Kommentare im Netz sind eine Mischung aus Ekel und Entsetzen. Und das war auch die Reaktion meiner Interviewpartner. Einer meinte: „Küssen ist etwas wunderschönes, da ich den anderen schmecke, rieche, die Haut spüre, die Zunge, die Nase, die Haare und jetzt gibt es ein Gerät, das mich eher an eine Zahnreinigung erinnert."

## Die einsame Lust

Allerdings gab ein befreundeter Soziologe zu bedenken, dass an dieser Kussmaschine immerhin zwei Menschen beteiligt seien. Das ist nicht selbstverständlich, denn Lust sei häufig etwas, was wir allein erleben. Schließlich benutzen über 60% der Frauen Sextoys zur Selbstbefriedigung, über 50% der Männer onanieren mindestens jeden zweiten Tag, 25% der Suchanfragen im Internet drehen sich um Pornographie. [7] Im Vergleich dazu ist eine Kussmaschine wenigstens kommunikativ.

## Küsse sind ein Geheimnis

Ich fand die Meinung des Soziologen interessant und gleichzeitig löste sie ein tiefes Befremden in mir aus. Denn eine solche Kussmaschine arbeitet letztlich mit viel Elektronik und ein bisschen Kunststoff. Doch gute Küsse sind eine lebendige Begegnung, bei der wir einen Menschen umfänglich spüren, ihn verstehen und seine Phantasien erahnen. Gute Küsse haben etwas Magisches, da ihr Geheimnis aus vielen Faktoren besteht, die wir meist nur mit viel Geduld entschlüsseln können. Schließlich hängen gute Küsse vom Charakter eines Menschen ab, seinen Zielen, seiner Fähigkeit zur Lust und letztlich auch von seiner Kindheit. Darüber hinaus sollten wir jedoch auch die emotionale Dynamik in einer Partnerschaft begreifen, die eng mit der Persönlichkeitsentwicklung beider Beteiligten verbunden ist.

## Die Dynamik der Liebesbeziehung

Ich selbst bin Tiefenpsychologe und finde es spannend, wenn ich in meiner Arbeit als Psychotherapeut viel über die Gefühle und auch die Kindheit von Menschen erfahre, weil dies oft ein Schlüssel zum Verständnis der Liebe, der Leidenschaften und des Küssens ist. Gleichzeitig liegt aber ein wichtiger Schwerpunkt meiner Arbeit darin, die Dynamik einer Liebesbeziehung zu erfassen. Das gelingt mir zunehmend, weil ich auch ein Partnerschaftsexperte bin und über die klassischen Probleme in Beziehungen einige Bücher geschrieben habe.

Insofern habe ich einen etwas anderen Zugang zu den Geheimnissen des Kusses als es einem Kulturwissenschaftler oder Philosophen möglich ist. Dabei bewundere ich durchaus jene Wissenschaftler, die andere Kulturen studiert haben, sich in Literatur, der Kunst und Filmen auskennen. Sie verstehen, wie das Küssen entstanden ist und wie man in anderen Ländern küsst.

Als Spezialist für die seelischen Prozesse werde ich Ihnen in diesem Buch jedoch viel über die psychologischen Geheimnisse des Küssens vermitteln. Ich möchte Ihnen zeigen wie gutes Küssen gelingt und warum es so oft scheitert. Doch damit Sie diese Erkenntnisse besser verarbeiten können lade ich Sie ein, zunächst folgende Fragen zu beantworten:

o  Küssen Sie gern?
o  Wie sind Sie  mit dem Küssen und dem Sex  in Ihrer Beziehung zufrieden?
o  Was würden Sie gern ändern?
o  Gab es einen Rückgang des Küssens und wenn ja, warum?
o  Haben Sie sich in der Partnerschaft darüber unterhalten?

Auf diese Fragen werde ich ausführlich im Laufe des Buches eingehen. Und Sie werden meine Ausführungen mit einem tieferen Interesse lesen, wenn Sie einen Zugang zu Ihren eigenen Kusserlebnissen gefunden haben. Vielleicht haben Sie sogar den Mut, dass Sie die Antworten in Ihrer Partnerschaft austauschen und darüber zu reden. Sollten Sie damit zögern, dann warten Sie bitte, bis Sie das Buch zu Ende gelesen haben.

*Jeder Kuss von Dir ist so,*
*dass die Welt für mich stillsteht.*
*Ein Jugendlicher*

# Die ersten Küsse

Ich möchte Sie gern auf eine Forschungsreise des Küssens mitnehmen und Ihnen helfen, Ihr eigenes Kussverhalten und Ihre Kusserlebnisse zu verstehen. Dann werden Sie auch erkennen, was Sie möglicherweise verbessern können. Dazu ist es wichtig, dass Sie zunächst die Entwicklung der eigenen Küsse begreifen und besonders bedeutsam ist hierbei der erste Kuss, an den wir uns meist noch sehr gut erinnern können.

Ein älterer Freund sagte mir: „Ich habe inzwischen vieles vergessen, meist waren Ereignisse unwichtig und auch die Namen vieler Klassenkameraden fallen mir nicht mehr ein. Ich muss mir sogar Mühe geben, damit mir die Namen meiner ersten Freundinnen einfallen. Aber den ersten Kuss habe ich regelrecht abgespeichert, denn ich war so aufgeregt und hatte Glück: Meine Partnerin war sehr lieb und einfühlsam und es war einfach schön. Es war ein unglaublich prickelndes Gefühl, ihre Lippen zu spüren, langsam auch ihre Zunge, es war für mich eine Offenbarung."

## Der gestohlene Kuss

Die meisten Jugendlichen küssen zum ersten Mal mit 14 Jahren. Nur 15% waren beim ersten Kuss schon 18 Jahre alt. Zwar gibt es die ersten Küsse, die mit sechs, sieben, acht Jahren beginnen. Sie sind von Neugierde geprägt, sind spielerisch und spannend, aber noch nicht erotisch. So erzählte mir eine Beamtin, sie sei von einem Klassenkameraden geküsst worden, als sie acht Jahre alt war. Sie sei täglich mit ihm zusammen zur Schule gegangen und eines Tages habe er sie an die Rückwand des Hauses geführt, wo sie keiner sehen konnte und habe ihr einen Kuss gestohlen. Das habe ihr gefallen. Danach hätten sie sich weiter getroffen, als wäre nichts geschehen.

## Frage

Erinnern Sie sich an Küsse im Kindergarten, in der ersten oder zweiten Klasse, die im Vergleich zu späteren Küssen eher unschuldig waren und dennoch eine große Innigkeit aufwiesen?

## Die Küsse als Mutprobe

Schließlich gibt es im Alter von 10 - 13 Jahren jene Küsse, die man als Mutprobe bezeichnen kann. In einer Gruppe verabredet man sich zu Würfelspielen oder es gibt das Flaschenkreisen, bei dem das Prinzip gilt, sich mit dem Nachbarn zur linken oder rechten zu küssen. Gefordert sind Küsse auf den Mund, die meist relativ kurz sind und dennoch aufregend. Mitunter hat es auch einen Aspekt der Komik, sobald sich die Zahnspangen berühren, wenn Metall auf Metall reibt und sich gleichzeitig schüchtern die Lippen begegnen.

Bewusster und genussvoller ist dann das Knutschen unter Freundinnen, wenn man im Freundeskreis zusammenliegt. Oft sind es Küsse auf den Mund und in diesem Sinne ,echte Küsse', die jedoch nicht zu einer festen Bindung führen, sondern einfach Spaß machen. Diese Küsse sind aber durchaus intim und emotional und gleichsam eine Steigerung jener Freundschaftskunst, von der die Beziehungen junger Frauen geprägt sind. Der Austausch von Freundschaftsbändern, das Reden über persönliche Wünsche und Phantasien, die Poesiealben, die oft mit altbackenen, berührenden Sprüchen zurückgegeben werden und auch innige Küsse sind wichtige Etappen dieser Beziehungskultur.

## Die ,richtigen' Küsse

Doch die ,richtigen' Küsse beginnen häufig erst mit 14 Jahren. Es sind die Küsse der erotischen Erkundung, da sich sowohl die jungen Männer als auch die Frauen sehr zum anderen (oder dem eigenen) Geschlecht hingezogen fühlen. Jetzt ist das Küssen oft damit verbunden, dass mehr entstehen könnte. Es ist zwar immer noch von einer großen Neugierde geprägt und nicht von dem Wunsch, sich ewig zu binden. Dennoch ist es auch deshalb aufregend, weil man den anderen mag. Man küsst sich eben nicht, um zu küssen, es ist nicht nur Lust, sondern auch wesentlich eindeutiger der Wunsch, dem anderen nahe zu sein.

Offenbar sind die nächsten Jahre für die Jugendlichen eine erhebliche Herausforderung. Es gibt den ersten Kuss, in den folgenden Jahren sammeln sie viele Kuss-Erfahrungen und schließlich wird der Wunsch nach einer Partnerschaft immer deutlicher. Und daraus entstehen dann innerhalb weniger Jahre die zehn Herausforderungen, die beim Küssen zu bewältigen sind.

## Herausforderung 1: Die Überwindung der Unsicherheit

Das Küssen ist in der Pubertät das Geständnis, dass man viel für den anderen empfindet. Deshalb zögert man zunächst, ist gehemmt, unsicher und angespannt. Schließlich weiß man noch nicht: Mag er/sie mich auch, wie wird sich dieser Kuss anfühlen, wird sie ihn wollen oder folgt daraus ein Rückzug oder eine Enttäuschung? Es fehlt jede Erfahrung in diesem Bereich und daher schlägt uns das Herz so stark, dass wir kaum Luft holen können. Doch wenn wir Glück haben, überwinden wir diese Scheu und küssen uns, und das ist oft der Einstieg in ein lebenslanges Kussabenteuer.

Aber nicht immer ist das Küssen schön, sondern kann auch irritieren. So erlebte es jedenfalls eine Frau, die sich sehr gewünscht hatte, von dem jungen Mann geküsst zu werden, den sie im Urlaub traf. Er war zwar manchmal sehr frech, dann aber wieder so schüchtern, dass sie schließlich die Initiative ergriff. Sie erinnert sich: „Wir saßen am Ufer nebeneinander, ich umarmte ihn kurz, berührte seine Wangen mit meinen Fingern und wartete. Alles war eine Einladung und es kam mir vor wie Stunden, bis er den Kopf zu mir neigte und mich küsste. Allerdings war dieser Kuss kühl und scheu, ich erkannte diesen frechen Typen nicht mehr. Fast sang- und klanglos lösten sich unsere Lippen nach einer Minute wieder voneinander. In den nächsten Tagen haben wir uns noch kurz gegrüßt, aber die Vertrautheit, die Unschuld der Beziehung war zerstört."

Hier handelt es sich um eine häufige Erfahrung, denn junge Frauen sind in diesem Alter meist mutiger als die Männer. Deren Stimmbruch ist oft schon vorbei und sie sind stolz auf den ersten zarten Bartwuchs. Aber sie fühlen sich noch ungelenk und unsicher und sind weit entfernt davon, cool zu sein. Das setzt sie kräftig unter Druck, denn sie wären gern gelassen und spüren gleichzeitig, dass ein spielerischer, fast schnoddriger Umgang mit dem Küssen nicht angebracht ist.

## Herausforderung 2: Das Ende der Kindheit

Die ersten Küsse sind deshalb so aufregend, weil hier etwas sehr wichtiges passiert, denn der erste intensive Kuss ist der Übergang ins Erwachsenenalter. Wenn wir den Zungenkuss zum ersten Mal erleben, ist dies das Ende der Kindheit. Wir sind dabei, nun die Welt, auch die Welt der Erotik zu erobern und eine neue Bindung mit einem bisher fremden Menschen einzugehen. Falls dann der erste Kuss eine beglückende Erfahrung ist, erleben wir hautnah, was die innige Beziehung mit einem anderen Menschen bedeuten kann.

Offenbar verändert uns der erste Kuss, denn die unschuldige Zugehörigkeit zu den Eltern, an die wir uns mitunter noch vor einigen Monaten anschmiegten, ist vorbei. Oft mögen wir es nicht mehr, abends von unserer Mutter einen Kuss zu bekommen, wir schließen das Badezimmer ab, wenn wir duschen. In uns keimt nun eine Aufbruchsstimmung, wir erleben die Welt leidenschaftlicher und sind von einer großen Unruhe erfüllt, weil wir plötzlich am Beginn einer unbekannten Entwicklung stehen.

## Der erste Kuss war schrecklich

Diese ganze Entwicklung kann angsteinflößend sein und manchmal erleben wir dann auch den ersten Kuss nicht nur als irritierend, sondern als schrecklich. Eine Sozialarbeiterin sagte mir: „Der erste Kuss war furchtbar und der zweite war es auch. Vielleicht waren die Jungs zu aufgeregt, zu schnell. Jedenfalls hatte ich beim ersten Mal seine Zunge ohne jede Ankündigung im Mund, er presste seine Lippen gegen meine und rührte dann mit seiner Zunge herum. Ich fühlte mich wie ein Auto am Abschlepphaken und hatte Mühe, immer wieder Luft zu holen.

Manchmal dachte ich, ich müsse zum Arzt gehen, weil ich befürchtete, dass mein ganzer Kiefer eine Muskelverspannung bekäme. Aber plötzlich war Schluss. Völlig unvermittelt. Es war so, als würde im Kino der Film reißen. Auf einmal schaute mich der junge Mann sogar erwartungsvoll an und fragte: ‚Wie wars?' Ich wusste nicht, was ich sagen sollte und erwiderte: ‚Hmmm?' Danach küsste ich drei Wochen niemanden mehr, bis wir in einem Schullandheim waren. Abends am Lagerfeuer küssten sich alle. Es war nicht mehr ganz so schlimm, ich kannte es ja schon …

Diese Monate haben mich geprägt, weil ich in die spannende Welt der Erotik eintauchte. Seitdem hatte ich das Gefühl, eine Frau zu sein. "

Nun können wir verständnisvoll sagen, dass die Küsse für diese Männer zu früh kamen. „Sie waren noch nicht so weit." – war daher auch die Überzeugung einer jungen Frau, die von ihren ersten Kusserfahrungen ernüchtert war. Allerdings bleibt diese Unsicherheit bei vielen Männern erhalten, wenn sie erwachsener werden und in Clubs oder auf Partys gehen.

Dabei hängt die Unsicherheit auch damit zusammen, dass ein Kuss eine Beziehung prägt. Sie ist nicht mehr kameradschaftlich, nicht mehr im Wesentlichen von einem gelegentlichen Necken und Flirten erfüllt. Vielmehr ist das Küssen in dieser Phase häufig auch ein emotionales Abenteuer. Beide fühlen, dass eine aufregende seelisch-körperliche Begegnung stattfindet. Sie ahnen, dass sie in dieser Beziehung eine große Dramatik erleben, die in der Schöpfungsgeschichte beschrieben wird. Hier ist es der Apfel, den beide gegessen haben und sie aus dem Paradies vertrieb, da sie erkannten, dass sie Mann und Frau waren. Diese emotionale Erkenntnis gewinnen wir auch beim Küssen und deshalb ist eine Beziehung plötzlich so anders, so erregend und auch belastend.

## Herausforderung 3: Küsse sind das Ende der Freundschaft

Diese Erfahrungen sind dermaßen elementar, dass ich sie anhand von Aufzeichnungen verdeutlichen werde, die mir eine

40jährige Frau übergab. Sie schrieb: „Ich kannte Sebastian schon seit vielen Jahren, wir gingen gemeinsam zur Schule, machten Hausaufgaben, zelteten und erzählten uns alles. Wir waren beste Freunde, waren Vertraute, wir gehörten zusammen wie Zwillinge. Ich fühlte mich bei ihm immer unendlich wohl, verstanden und aufgehoben.

Das wurde aber brüchig als ich 15 Jahre alt war. Nun war ich irritiert, weil ich Eigenschaften an ihm bemerkte, die mir sehr gefielen. Es waren Momente, wenn er langsam sprach, wenn er laut nachdachte. Und ich bekam einen Schreck als ich zunehmend ein so merkwürdiges Gefühl in der Magengrube verspürte. Denn plötzlich hatte ich die Sehnsucht, ihm näher zu kommen.

Ich merkte, dass ich eifersüchtig wurde, wenn er mit anderen Mädels rumalberte, sobald sie ihn anschmachteten, was oft passierte. Ich versuchte zwar, diese Gefühle wegzuschieben, denn sie waren störend wie eine Mücke. Sie beunruhigten mich und ich ahnte, dass mein ganzes Lebenskonzept auf dem Spiel stand. Schließlich mochte ich die Freundschaft mit diesem Sebastian sehr, sie war elementar für mich, sie war für mich der Ort, an dem mir nichts passieren konnte. Ich wollte das nicht aufgeben für eine Liebe, die waghalsig war und in diesem Alter oft nur wenige Wochen, höchstens Monate dauerte. Dies alles sagte ich mir in so vielen Stunden, in denen ich wach lag und trotzdem wurden meine Gefühle für Sebastian stärker. Und plötzlich hatte ich eines Morgens den Wunsch, ihn zu umarmen und zu küssen.

Ich war sehr nervös, denn ich wünschte mir, er würde mir durch seinen Kuss zeigen, dass er mich auch liebte, dass er das gleiche Verlangen hatte. Vielleicht würde er aber auch zurückschrecken und alles wäre vorbei. Insofern wäre ein solcher Kuss ein kurzer Moment, der das berühmte ‚Sein oder Nicht-Sein‘ verkörperte. So entstand ein immer größerer Konflikt zwischen meinem ängstlichen Bauchgefühl und meinem Verlangen. Also küsste ich ihn.“

Aber als sich ihre Lippen berührten, spürte sie seine Unentschlossenheit und fragte sich, warum er sie nicht umarmte. Sie wünschte sich einen Mann und hatte den Wunsch, sich küssen zu lassen. Sie wollte ihren Kopf zurücklehnen und sich ihm hingeben. Doch er war unglaublich zurückhaltend und sie wusste in diesem Moment, dass er nicht der Mann war, den sie sich wünschte. Er wäre vielleicht ein Partner gewesen, der ihr gut tat, doch sie hätte sich in einigen Jahren gelangweilt, hätte keinen Respekt gehabt vor ihm. Dies ahnte sie in diesen fünf Sekunden, in denen sich ihre Lippen trafen und sie brauchte einige Tage, um alles in Worte zu übersetzen. Und als sie dazu in der Lage war, sagte sie ihm: „Lass uns Freunde bleiben.“ Daraufhin stand er auf und ging.

## Herausforderung 4: Küsse sind Grenzerfahrungen

Die große Enttäuschung und Ernüchterung ist verständlich und dennoch stellt sich die Frage: Was ist an einem Kuss so besonders, dass wir so sehr in einem Ausnahmezustand sind? Es gibt ja vieles im Leben, was ähnlich wichtig wäre: Die Berufswahl, der Auszug aus dem Elternhaus, die erste Reise, die wir allein wagen, die erste schwere Krankheit. Aber das sind keine Themen für einen Kinofilm oder einen Roman. Hier gäbe es im Wesentlichen nur drei Themen: Die große Liebe, die schließlich scheitert, der unvermeidliche Tod und der erste Kuss. Das sind die drei wichtigsten Grenzerfahrungen unseres Lebens.

## Kann ich mich wehren?

Erste Küsse sind auch deshalb Grenzerfahrungen, weil sie sich in einer Zeit abspielen, in der wir viel erhoffen, bisher kaum etwas erreicht haben und nur auf wenige Erfahrungen zurückgreifen können. Deshalb können wir solche Situationen, die zugleich Lust bereiten, aber auch Ängste und innere Abwehr hervorrufen, nur unzureichend gestalten. Doch der Mut zur Gestaltung ist das Wichtigste beim Küssen: Schließlich sollten wir dem anderen signalisieren, was wir wollen, aber auch, was uns nicht gefällt und unangenehme Kusserlebnisse beenden. Das erfordert allerdings viel Selbstbewusstsein, das wir in diesem Alter meist nicht besitzen. Daher halten wir oft selbst dort still, wo wir eigentlich weglaufen sollten. Insofern ist der erste Kuss häufig mit einem Gefühl des Ausgeliefertseins verbunden und nicht mit der Erkenntnis, dass ich mich wehren kann. Das ist problematisch, denn nur wenn ich mitentscheiden kann, entsteht ein gleichberechtigter Dialog, der die Grundlage des guten Küssens darstellt.

## Sie konnte gut küssen

Nun habe ich bisher eher von enttäuschenden Kusserlebnissen berichtet, die mich sehr berührten, weil sie von einer besonderen Dramatik geprägt waren. Aber die Auswertung meiner Umfragen zeigte, dass 50% aller Kusserlebnisse vor dem 21sten Lebensjahr als sehr schön empfunden wurden. [8] Dies war beispielsweise bei einem Juristen der Fall, der mir erzählte, er habe den ersten Kuss mit einer Frau ausgetauscht, die schon viele Freunde in der Klasse geküsst habe. Sie galt als erfahren, habe einen ‚zweifelhaften' Ruf gehabt, musste irgendwann von der Schule abgehen. Aber das Küssen mit ihr habe Spaß gemacht.

Hier sehen wir, dass sich dieser junge Mann ganz bewusst eine Frau mit Kusserfahrung aussuchte. Er war so mutig, dass er auf diese attraktive Frau zuging. Insofern war dies seine klare Entscheidung und von dieser Haltung waren fortan seine Partnerschaften geprägt, in denen er immer gern küsste. Ähnlich erlebte es eine Frau, die bei einer Wanderung von ihrem damaligen Freund geküsst wurde. Es habe sich wahnsinnig gut angefühlt, gestand sie mir. „Es war aufregend, diese warmen und zärtlichen Lippen zu spüren, ich war ganz hin und weg. Seitdem bin ich ein Fan des Küssens."

## Herausforderung 5: Der erste Kuss verändert alles

Offenbar entwickeln wir bei den ersten Küssen einen inneren Maßstab dafür, was gute Küsse sind. Insofern sind sie die Basis für unsere lebenslangen Kusserfahrungen. Schließlich gibt es immer wieder den ersten, aufregenden Kuss in einer beginnenden Beziehung. Und auch dieser Kuss ist etwas Besonderes, da sich dadurch die gesamte Gefühlsdynamik der Beziehung verändert. Sie ist nun nicht mehr unbefangen, unschuldig-freundschaftlich.

Bisher haben wir vielleicht von ihr/ihm geschwärmt. Wir spürten schon immer etwas Sehnsucht, haben manchmal geträumt, ihr/ihm nahe zu kommen. Aber wir haben nie darüber geredet. Vielmehr tauschten wir uns über unsere Lieblingsfilme aus, waren gemeinsam bei einem Rockkonzert, sind verreist und kochten zusammen. Immer wieder berührten wir uns wie zufällig, aber es wurde nicht über Liebe gesprochen. Doch ein Kuss verändert alles, er ist das klare Zeichen, dass jetzt die Liebe, die Erotik beginnt.

## Feuerwerk der Hormone?

Nun stellt sich allerdings für uns die Frage: Was spielt sich hier eigentlich ab? Die Biochemiker tun sich diesbezüglich leicht. Für sie ist ein Kuss ein Feuerwerk an Hormonen, es geht um die Ausschüttung von Serotonin, um Adrenalin und Oxytocin.

Es ist heute modern, dass wir uns bei allen wichtigen Emotionen immer die Fragen stellen: Wo im Gehirn spielt sich das ab und was passiert in unserem Körper, welche Rolle spielen hier die Hormone? Diese Fragen sind nicht uninteressant und können uns manchmal helfen zu verstehen, warum bei bestimmten Krankheiten der Wunsch zu küssen kaum noch vorhanden ist. Und Küssen ist ja tatsächlich auch ein körperlicher Prozess. Unsere Knie werden mitunter weich, wir bekommen Herzklopfen, eine Flut von Hormonen überschwemmt uns, der ganze Körper spielt verrückt. Aber kann dies die Magie des Küssens erklären, zeigt uns die Gehirnforschung, was beim Küssen wirklich passiert?

Ich bin davon überzeugt, dass das Körperliche beim Küssen sekundär ist. Denn wir verstehen das Küssen nur, wenn wir es als die Eintrittspforte, als das Anfangssignal der Liebe erkennen. Doch dazu waren Dichter und Schriftsteller oft viel geschickter in der Lage als Biologen und die akademische Psychologie.

Die Aufregung eines Kusses, das Herzklopfen der Liebe, die Spannung der Sexualität konnten Dichter und Schriftsteller schon immer besser beschreiben als Wissenschaftler mit ihren Statistiken, graphischen Kurven und ihrem distanzierten Herangehen. Das betonte auch der einstige Literaturpapst Marcel Reich-Ranicki. Nach seiner Überzeugung „schlägt die Stunde der Literatur stets, wenn es um Phänomene geht, die sich der wissenschaftlichen Erkundung wenigstens teilweise entziehen … Ein solches Phänomen ist die Liebe."

## Die große Wende

Die Hingabe beim Kuss und die vorübergehende körperliche Verschmelzung ist daher nie so gut dargestellt worden wie in der Literatur oder der Bildenden Kunst. So heißt es in ‚Madame Bovary': „Manchmal küsste er sie tüchtig auf die Wangen, oder er reihte eine Menge kleiner Küsse gleichsam aneinander, die ihren nackten Arm in seiner ganzen Länge von den Fingerspitzen bis hinauf zur Schulter bedeckten. Sie wehrte ihn ab, lächelnd und gelangweilt, wie man ein kleines Kind zurückdrängt, das sich an einen anklammert." Wir ahnen, dass in dieser Dynamik des Küssens bereits das ganze Drama eines Scheiterns der Liebe verborgen war.

## Schriftsteller und Bildhauer

Doch noch stärker berührt uns die Darstellung des Kusses durch Bildhauer. Denken Sie nur an die Skulptur ‚Der Kuss' des französischen Bildhauers Auguste Rodin, die 1880 als Marmorskulptur entstand. Die Figur zeigt ein Paar in inniger Umarmung, wobei eine Frau mit ihrem linken Arm den Hals des Mannes umschlingt und ihn zu ihrem Gesicht herunter zieht. Dabei berühren sich ihre Lippen noch nicht oder nicht mehr, was eine große Spannung erzeugt. Eindrucksvoll ist auch das 1909 entstandene Gemälde ‚Der Kuss' von Gustav Klimt, wobei es den ursprünglichen Titel ‚Das Liebespaar' hatte. Es hat mit 180 x 180 cm eine beachtliche Größe und beeindruckt mit seiner magisch wirkenden Goldfarbe. Es ist ein Bild der Sinnlichkeit sowie der innigen Hingabe und Verschmelzung in der Liebe.

Offenbar haben es Schriftsteller, Bildhauer und Maler oft vermocht, die Magie des Kusses abzubilden. Sie haben es dadurch geschafft, jene intensive Begegnung im Kuss einzufangen, bei der wir die Welt um uns herum vergessen. Beobachten Sie einmal küssende Liebespaare auf der Straße. Sie blenden alles aus, spüren nur noch sich, werden eins und sind glücklich. Doch dies Glück ist immer gefährdet und das macht die Intensität des Küssens aus. Denn sie spüren durchaus, dass in diesem Kuss ein Wagnis liegt, ein Abenteuer, weil die bisherige Beziehung endet und die neue noch nicht klar ist. Insofern ist im Küssen jede Technik nebensächlich. Entscheidend ist, wie die Begegnung im Kuss von beiden empfunden wird.

## Herausforderung 6: Der Ausnahmezustand

Wenn die Begegnung zweier Menschen im Kuss gelingt, ist dieser mitunter so intensiv, dass er als göttlich angesehen wird. Es ist auf diese Weise der Höhepunkt eines Lebens und ein Ausnahmezustand. Das ist nicht übertrieben und wird daher genau so in dem Roman ‚Der große Gatsby' von F. Scott Fitzgerald beschrieben. Dort zeigt er, dass uns ein Kuss auf dramatische Weise verändern kann, weil er sowohl bodenständig als auch inspirierend ist. Er belebt uns, aber er erdet uns auch, so dass wir deutlich unsere seelischen Höhenflüge spüren. Das war auch das Gefühl von Jay Gatsby, als er seine große Liebe Daisy Buchanan zum ersten Mal küsste. „Sein Herz klopfte schneller und schneller, als Daisys weißes Gesicht sich dem seinen näherte. Wenn er sie jetzt küsste und seine unaussprechlichen Visionen für immer mit ihrem vergänglichen Atem mischte, würde sein Geist nie wieder solch göttliche Kapriolen schlagen, das wusste er." Er wartete also und dann küsste er sie. Dafür wurde er gleichsam belohnt, denn als „ … seine Lippen auf ihre trafen, erblühte sie für ihn wie eine Blume, und die Inkarnation war vollkommen."

## Herausforderung 7: Ich liebe Dich

Wir haben jetzt deutlich die Faszination des Kusses gespürt und wollen noch einmal begreifen und in Worte fassen, was hier eigentlich passiert. Denn klar ist zunächst: Wenn wir etwas älter geworden sind und küssen, schwenken wir ganz unübersehbar eine große Fahne, auf der steht: Ich begehre Dich. Es mag mitunter Küsse geben, die mehr einem Drang zur Eroberung entsprechen. Es mag eine Knutscherei geben, die eher einer Neugierde, einer vorübergehenden Lust entspricht. Aber gute Küsse sind immer von einer Leidenschaft, einem Gefühl der Zuneigung und zumindest ansatzweise einem Gefühl der Liebe erfüllt. Wenn wir das Rätsel des Kusses lösen wollen, müssen wir daher die Frage beantworten: Was ist die Liebe? Schließlich ist der Kuss die wichtigste Botschaft der Liebe, so dass sich unser Lebensgefühl oft in ungeahnter Weise steigert.

Nun hörte ich vor vielen Jahren einmal bei einem Vortrag eine Aussage von Francois de La Rochefoucauld. In Bezug auf die Liebe meinte er spöttisch: „Mit der wahren Liebe ist es wie mit Gespenstererscheinungen: alle Welt spricht davon, aber wenige haben sie gesehen." Das mag sein und liegt oft daran, dass wir eine romantische Vorstellung von Liebe haben. Insofern ist es naheliegend, dass wir einen realistischen Blick auf die Liebe richten und zunächst einmal erkunden, was wir dort eigentlich suchen.

## Die zwei Grundbedürfnisse

Liebe dient dazu, zwei Grundbedürfnisse zu erfüllen. Wir suchen Nähe und wir suchen Anerkennung. Denn wir haben alle zwei Schwachstellen, wenn wir allein leben. Wir fühlen uns häufiger einsam und sind unsicher. Der Sinn der Liebe besteht darin, dass wir durch einen Anderen unsere Bedeutung spüren und unsere positiven Eigenschaften widergespiegelt bekommen. Das passiert tatsächlich, weil er/sie sich für alles von uns interessiert und uns klarmacht, dass wir etwas ganz Besonderes sind. Dadurch fühlen wir uns nicht mehr allein. Auch wenn wir nicht unmittelbar mit dem anderen zusammen sind, müssen wir immer an ihn, an sie denken und empfinden eine intensive seelische Verbindung. Deshalb schweben wir regelrecht am Anfang einer Beziehung. Ein Dichter würde sagen, die Liebe sei der Eintritt in das Paradies, in dem wir wieder glücklich sind.

## Herausforderung 8: Wer bist du?

Eines der schönsten und leidenschaftlichsten Zeichen der Liebe ist der Kuss, der deshalb so aufregend ist. Schließlich steht viel auf dem Spiel, da ein erster Kuss in der Beziehung wie die Eröffnung beim Schach ist: Niemand kann in diesem Augenblick voraussagen, was als Nächstes passieren und wie das Ganze ausgehen wird. Dabei haben wir nicht nur Angst, dass wir den anderen möglicherweise verlieren. Vielmehr haben wir vor allem Angst, dass wir diesen Mann, diese Frau nach dem Kuss mit neuen Augen sehen.

Denn sobald ich küsse, endet die freundschaftliche Toleranz, von der bisher unsere Beziehung geprägt wurde. Was uns vorher gleichgültig war, wird plötzlich wichtig und wir werden parteiisch. Fast instinktiv stellt man sich im Kuss die Frage: Wer bist Du und welchen Weg wollen wir zusammen gehen? Entweder uns gefallen die Antworten des Kusses oder wir lehnen sie ab, denn wir werden radikal, weil uns nun alles unter die Haut geht. So erging es einer 45jährigen Buchhalterin, die sich seit langem mit einem griechischen Landsmann traf. Er war nett, sehr nett, sah gut aus, konnte gut reden, doch er verdiente wenig Geld, hatte immer Schulden und lebte in einer kleinen Wohnung, die nicht sehr gemütlich war.

Dies alles wusste und tolerierte sie, aber als sie ihn küsste, verlor diese Beziehung ihre Unschuld. Sie merkte es fast schlagartig, denn sie war erschrocken, dass er gleichsam beim Küssen stotterte: Manchmal war er zu schnell, dann hörte er wieder auf und kam schließlich aus dem Takt. Sie dachte in diesem Augenblick nur: ‚Er kann es nicht'. Und nun sah sie nicht mehr seine positiven Eigenschaften, sie freute sich nicht mehr über ihre Gespräche, sondern fing an, sich über seine Untüchtigkeit, seinen zögernden Lebensstil zu ärgern.

## Herausforderung 9: Das Küssen ist eine Existenzmitteilung

Offenbar ist das Küssen viel mehr als eine Berührung der Lippen. Denn ein Philosoph könnte sagen, das Küssen ist eine Existenzmitteilung. Deshalb müssen auch die gesamten Lebensumstände stimmen, damit wir von einem glücklichen Kuss sprechen können. Schließlich hat jeder in der Liebe einen Traum, der ganz konkrete Einzelheiten beinhaltet. Und wir werden in einem Kuss nur dann die Welt vergessen und dem anderen sehr nahe sein, wenn wir das Gefühl haben, dass unsere Lebensträume übereinstimmen. Insofern gilt: In einem guten Kuss berühren sich die Welten von zwei Menschen, sie spüren, dass ihre Phantasien und Hoffnungen Wirklichkeit werden können. Dann gelingt ein Kuss.

Das war die Erkenntnis einer 30jährigen Betriebswirtin, die oftmals sehr attraktive Männer traf, die interessant erzählen konnten und über eine erotische Ausstrahlung verfügten. Sie kam zu dem Resultat: „Sie lebten auf einem anderen Stern. Sie waren reich und eitel und protzten mit ihren teuren Autos und ihrem ganzen Geld. Zwar waren sie beim Küssen nicht schlecht. Es waren versierte Kuss-Experten, gute Techniker. Sie wollten mich beim Küssen beeindrucken, doch sie interessierten sich nicht für mich. Wenn ich innehielt, machten sie einfach weiter, sie hatten ein Programm. Das Küssen war wie ein Selbstgespräch, ich war die Zuhörerin. Schließlich habe ich all diese Beziehungsversuche abgebrochen."

## Wenn wir ruhiger küssen wollen

Diese souveräne Haltung hat mich sehr beeindruckt, weil diese Frau in der Lage war, ihren Verstand zu bewahren, obgleich sie gern küsste, gern selbstvergessen geküsst hätte. Doch sie blieb souverän, weil sie einen Plan B hatte. Das war entscheidend, denn bereits die kleinste Verliebtheit – die bei attraktiven Männern leicht auftreten kann – führt zu einer beginnenden inneren Abhängigkeit. Sie ist davon geprägt, dass ich mir eine Zukunft nur noch vorstellen kann, wenn ich mit diesem Menschen zusammen bin.

Das erklärt die Anspannung, die ich nur verringern kann, wenn ich mich mit dem Gedanken vertraut mache, dass meine Wünsche nicht in Erfüllung gehen könnten. Daher müsste ich mich auf soziale Alternativen vorbereiten. Dann pflege ich meine intensiven Freundschaften, beginne ein wichtiges Lebensprojekt und werde mir vielleicht auch vornehmen, mir notfalls einen anderen Liebespartner zu suchen. Und auf diese Weise reduziere ich meine Ängste und kann all meine Gefühle in mein Liebesprojekt investieren. Doch ich küsse dann nicht mehr wie ein Ertrinkender, sondern eher neugierig und erwartungsfroh.

## Herausforderung 10: Der zweite und dritte Kuss

Nun habe ich bisher immer vom ersten Kuss gesprochen. Aber noch wichtiger ist es, dass der zweite und dritte Kuss das halten muss, was der erste versprochen hat. Gerade beziehungsängstliche Männer, die exzellente Jäger sind, bekommen den ersten Kuss noch gut hin. Beim ersten Kuss sind sie frech, sind die Eroberer, aber beim zweiten spüren sie die Erwartung dieser Frau und fühlen sich bedrängt, bekommen gleichsam kalte Füße und steigen innerlich aus. Deshalb ist ein erster Kuss immer mit einem Risiko verbunden.

Eine Verkäuferin meinte in einem Interview: „Ich habe mal jemanden kennengelernt, mit dem ich auf Anhieb auf einer Wellenlänge war. Wir verstanden uns blendend, doch als wir uns beim zweiten Treffen näher kamen, fand ich ihn nicht mehr anziehend. Es hat kusstechnisch einfach nicht gepasst zwischen uns. Weil wir uns trotzdem so gut verstanden haben, halten wir seitdem freundschaftlichen Kontakt. Doch dieser zweite Kuss hat dafür gesorgt, dass aus uns kein Paar wurde."

## Anregung

Unsere Fähigkeit gut zu küssen hängt sehr davon ab, dass wir die zehn Herausforderungen bewältigen konnten. Und wenn uns dies nur teilweise gelungen ist, können wir dies auch im Erwachsenenalter nachholen. Was bedeutet das für Sie?

# Wie entstand das Küssen?

Jeder Kuss ist individuell und hat seine eigene Sprache, die ich besser begreife, wenn ich verstehen kann, wie die Küsse überhaupt entstanden sind. Seit vielen Jahrzehnten wird daher intensiv dazu geforscht und es gibt inzwischen verschiedene Theorien. Einig ist man sich darüber, dass das Küssen uralt ist. Denn es gibt erste Hinweise, dass sich bereits die Neandertaler vor 100.000 Jahren küssten. Das beweisen wissenschaftliche Zahnsteinuntersuchungen, die genetische Analysen ermöglichten. Doch es ist umstritten, wie und warum damals geküsst wurde.

Eine Theorie besagt, das Küssen sei eine Fortführung des Gestilltwerdens. Der Psychoanalytiker Sigmund Freud hat sich vor über hundert Jahren in ‚Drei Abhandlungen zur Sexualtheorie' ausführlich mit dem Wonnesaugen in der Kindheit beschäftigt, das so lustvoll sei, dass sich ein Erwachsener immer danach sehnen würde. Durch das Küssen suche er dies Verlangen zu stillen.

## Vorgekaute Nahrung

Andere Forscher vertraten die Meinung, das Küssen sei aus der Weitergabe von Nahrung entstanden. Früher hätten die Mütter die Nahrung für die Kleinkinder vorgekaut und dann den Brei per Mund übertragen. Aus diesem oralen Vorgang sei das Küssen hervorgegangen. Diese Meinung hat auch der Zoologe Eibl-Eibesfeldt vertreten. Er war überzeugt, ein Kuss sei nichts anderes als eine „Weiterentwicklung der Nahrungsübertragung von Schnabel zu Schnabel, wie sie bei Vögeln üblich ist."

## Vom Beschnuppern des Po zum Kuss

Auch zahlreiche andere Theorien über die Entstehung des Küssens sind der Beobachtung im Tierreich entnommen. Dies gilt vor allem für die Kussforscherin Ingelore Ebberfeld. Sie findet es schwierig, Aussagen darüber zu treffen, was einen guten Kuss ausmacht. Ihr Hauptinteresse liegt daher in der Erforschung der Geschichte des Küssens. Dabei geht sie davon aus, dass das Küssen aus der animalischen Geste des gegenseitigen Schnupperns am Gesäß entstanden ist. Schließlich würden etliche Tiere zur Begrüßung das Hinterteil der Artgenossen beschnüffeln. Und da wir uns im Laufe der Menschheitsgeschichte aufrichteten, mussten wir einen neuen Ort für das Beschnuppern finden. Demnach sei der aufrechte Gang der Beginn des heutigen Küssens.

# Küsse zur emotionalen Bindung

Im Laufe der Jahrhunderte wurde das Küssen schließlich nicht nur Ausdruck von Lust, sondern vor allem einer tiefen emotionalen Verbundenheit. Das spielte vor allem in der Epoche der Romantik (zwischen 1795 und 1840) eine große Rolle. Es war eine Zeit, in der ein starker Drang zu Gefühlen, Träumen und Sehnsüchten vorhanden war. Damals entstand die Idee der romantischen Liebe. Oberstes Kriterium sollte nun die freie Wahl des Ehepartners oder der Partnerin sein. Küssen war daher insbesondere ein Zeichen der intensiven Zuneigung in der Liebe.

Dabei hat die Romantik diese Art Liebe so sehr geprägt, dass man den Begriff ‚romantisch' auch auf Epochen anwendet, die weit vor der eigentlichen Romantik liegen. Das verdeutlichen die Auswertungen von 4500 Jahren alten Keilschriften, die aus dem antiken Mesopotamien stammten. So schrieb der Studienautor Troels Pank Arbøll in einer Mitteilung der University of Copenhagen: „Viele tausend dieser Tontafeln sind bis heute erhalten und sie enthalten klare Beispiele dafür, dass Küssen in der Antike als Teil romantischer Intimität galt, genauso wie Küssen Teil von Freundschaften und Beziehungen zwischen Familienmitgliedern sein konnte." [9]

Allerdings sollte das Küssen nicht als ein Brauch verstanden werden, den es nur vorübergehend in einzelnen Ländern gab. Vielmehr sei es in mehreren alten Kulturen über Jahrzehnte hinweg praktiziert worden. Das belegt auch eine Tontafel, die in Sippar (in der Nähe von Bagdad) gefunden wurde. Dort fand man folgenden Text, der über 3500 Jahre alt ist und einen sinnlichen Kuss beschreibt: „Meine Oberlippe wird feucht, während meine Unterlippe zittert! Ich werde ihn umarmen, ich werde ihn küssen."

## Küssen und Kultur

Schließlich sehen wir, dass mit der Entwicklung einer jeweiligen Kultur häufig auch das Küssen zunahm. Ein sehr sinnliches Beispiel dafür ist das Hohelied Salomos (ca. 900 Jahre vor Christus), das mit dem Seufzer beginnt: „Mit Küssen seines Mundes bedecke er mich / Süßer als Wein ist deine Liebe." In diesem biblischen Kontext ist der Kuss das Symbol für Liebe, Vereinigung und Huldigung.

Dann gewann das Küssen in der Mittelmeerkultur der Griechen und Römer zunehmend an Bedeutung. Sowohl in der Bildhauerei, Malerei, in Poesie und Prosa finden wir viele Beispiele für die Kunst des Küssens, die damals oftmals ein Erlebnis der Lust, dann aber immer mehr auch ein Ausdruck von Liebe war.

*Mit dem Kuss verlagert sich die Seele*
*auf die Lippen, um aus dem*
*Körper zu gelangen.*
*Platon*

# Wie küsst man richtig?

Nun spielt das Küssen nicht nur eine bedeutende Rolle in der Entwicklung der Menschheit, sondern auch in unserer persönlichen Lebensgeschichte. Dabei beginnt unsere Biographie des Küssens meist mit einer Frage: Wie küsst man richtig? Schließlich stehen Jugendliche vor einem großen Rätsel. Denn man kann in eine Tanzschule gehen oder eine Fahrschule besuchen und wir können in vielen Schulen eine Sprache erlernen. Aber das Küssen bringt uns niemand bei. Und das führt dazu, dass nicht nur Jugendliche beim Küssen unsicher sind, sondern häufig auch Erwachsene.

Das zeigt sehr eindrücklich eine Begegnung, die in dem Roman ‚Wem die Stunde schlägt' geschildert wird. Dort wird der Augenblick beschrieben, als Maria gern den Guerillakämpfer Robert küssen würde. Doch sie zögert und bekennt: „Ich weiß nicht, wie das geht." Sie wisse nicht, wie man das mit den Nasen macht. Aber er sagt ihr: „Pass auf, dreh dich zu mir." Nun finden ihre Lippen zueinander und sie drückt sich an ihn. Ihr Mund öffnet sich ganz langsam ein wenig, „und dann, plötz-

43

lich, zog er sie noch fester an sich und war glücklicher, als er es jemals gewesen war …"

Hier hat Hemingway sehr brillant den leidenschaftlichen Kuss beschrieben und man ahnt, dass es ganz einfach sein kann. Offenbar muss man nur unbeschwert sein, die Gedanken wegschieben und sich hingeben. Doch genau dies ist kompliziert, denn der leidenschaftliche Kuss enthält vor allem eine Kunst der Begegnung, die so schwer zu erreichen ist.

Damit die Erforschung des Küssens nun nicht in eine Sackgasse gerät, stelle ich noch einmal die Frage: Wie küsst man richtig? Ich will diese Frage diesmal pragmatischer beantworten und werde mich zunächst mit der Tatsache beschäftigen, dass es verschiedene Spielarten des Küssens gibt.

## Der Kuss auf die Wange

Nicht nur in Freundschaften, sondern auch in langen Liebesbeziehungen kennen wir vor allem den Kuss auf die Wange. Wenn man das Haus verlässt oder wiederkommt, umarmt man sich kurz und küsst sich auf die Wange. Das drückt Zärtlichkeit und Innigkeit aus, wirkt aber mitunter eher platonisch und wenig leidenschaftlich. Diese Küsse sind oft bei einer ersten Begegnung üblich, wenn sie jedoch in langen Liebesbeziehungen dominieren, ist dies immer ein Zeichen dafür, dass die Liebe verflacht ist.

## Der Kuss auf den Mund

Etwas persönlicher ist der flüchtige Kuss, bei dem man sich kurz auf den Mund küsst. Beide haben die Lippen geschlossen und man sagt sich auf diese Weise ‚guten Morgen‘, ‚gute Nacht‘ und ‚auf Wiedersehen‘. Dieser kurze Kuss ist nicht aufregend, nicht sehr erotisch, aber er drückt doch eine emotionale Verbundenheit aus. Dabei ist er eher kurz und praktisch und auch deshalb wird er in langen Beziehungen so häufig praktiziert. Denn beim romantischen Kuss muss man innehalten, sich dem anderen zuwenden, wichtig ist nur noch die geliebte Person, die man küssen möchte. Die Welt versinkt, wird zum Hintergrund unserer Begegnung. Das ist beim flüchtigen Kuss völlig anders, da er kaum eine Sekunde andauert. Hier wird nichts unterbrochen, und deshalb ist der flüchtige Kuss so alltagstauglich.

## Der romantische Lippenkuss

Doch aufregend und erotisch ist vor allem der romantische Lippenkuss, der mindestens fünf Sekunden dauert. Er ist ein intensives sinnliches Abenteuer, denn man berührt sich seelisch und körperlich und spürt sich in seiner leidenschaftlichen Sehnsucht. Das ist die Königsklasse der Küsse, die uns den Verstand rauben, uns zum Schweben bringen, die in der Dichtung beschrieben werden, die wir in Filmen bewundern. Einen solchen Kuss meinte der Schriftsteller Hebbel, als er die Überzeugung vertrat, der Kuss sei der Vulkan des Herzens.

## Der Kuss auf den Hals

Natürlich kann man den anderen überall am Körper küssen, so dass sich viele Küsse nicht auf dem Mund abspielen. Beliebt sind beispielsweise Küsse auf den Hals, die Hände, die Arme, den Rücken. Gern werden auch die Ohrläppchen intensiv geküsst. Allerdings sollte man hier einfühlsam küssen, da ein lautes Schmatzen am Ohr äußerst schmerzhaft sein kann. Ansonsten hat jeder in einer Partnerschaft seine sehr individuellen Vorlieben. Einer meiner Freunde erzählt mir, er sei ein Fussküsser. Er liebe es, die Füße einer Frau zu streicheln und zu küssen. Und eine Ärztin erzählte mir: „Erotik bedeutet für mich, dass ich seinen Körper mit Küssen bedecke und nichts auslasse, nichts ..."

## Der Kuss auf die Stirn

Besonders interessant finde ich den Kuss auf die Stirn. Er wird oft als liebevolle Geste beschrieben, als ein Zeichen von Verbundenheit, des Respekts und der Fürsorge. Er würde bedeuten, dass man einander nicht verletzt, sondern beschützt. Ein Mann würde dadurch signalisieren, dass er die Frau nicht unbedingt ins Bett ‚locken' möchte, sondern vielmehr an einer langen, ernsthaften Beziehung interessiert sei. Insofern sei dieser Kuss ein Liebesgeständnis. Dies alles kann ich bestätigen und habe dennoch ein ganz anderes Grundgefühl.

Wenn der Kuss auf die Stirn dominiert, ist dies fast ein Zeichen für eine unerotische Beziehung, in der ein Kind-Muster vorherrscht. Das bestätigte mir eine junge Frau. Sie war mit einem

15 Jahre älteren Mann zusammen. Mitunter küssten sie sich leidenschaftlich, verbrachten auch die Nächte miteinander, aber zunehmend habe er sie auf die Stirn geküsst. Und sie meinte: „Das war ein Signal dafür, dass ich in eine Kindrolle geriet. Er verwöhnte mich, wusste alles besser, erklärte mir die Welt, war ein Gentleman und einmal rutschte es aus ihm heraus, dass er mich mit den Worten ‚Mein Kind' ansprach." Es kommt also sehr darauf an, wo und wie wir den Anderen küssen, und Grillparzer meinte daher, Stirnküsse seien ein Zeichen von Freundschaft.

## Die Hitliste des Küssens

Offenbar gibt es eine Vielzahl von Küssen, die jeweils eine andere Bedeutung haben können. Daher hat die Online-Partnervermittlung Parship eine Hitliste des Küssens erstellt:

- o Küsse auf den Po oder den Rücken lieben 2% der Befragten.
- o 2% lieben den Handkuss.
- o 8% der Befragten werden gern auf die Stirn geküsst.
- o Der Nacken wird von 19% bevorzugt.
- o Doch 85% bevorzugen den Kuss auf die Lippen. [10]

Wenden wir uns dem Sieger der Hitliste des Küssens zu – dem romantischen Lippenkuss. Und hier ist das wichtigste, dass wir aufmerksam und mit allen Sinnen küssen. Eine Kollegin sagte einmal, unser Küssen sollte von einer großen Achtsamkeit geprägt sein. Das wissen jedoch vor allem junge, unsichere Männer mitunter nicht. Sie überspielen die Unsicherheit indem sie sehr forsch vorgehen und in das unbekannte Gelände eindringen. Dazu gehört beispielsweise die Technik des Rührens, die insbesondere von Männern angewandt wird. Sie lassen die Zunge kreisen, weil es nach ihrer Überzeugung ein Ausdruck von Leidenschaft ist, wenn sie sehr expansiv sind. Und sie glauben, dass dies dann auch eine Frau beglückt, die sich von seiner Aktivität anstecken lässt. Doch auf viele wirkt diese Kusstechnik abschreckend, sie ziehen es vor, wenn ein Mann behutsam vorgeht.

## Was gefällt?

Deshalb gibt es beim Küssen eine Grundregel: Wir sollten darauf achten, was ihr/ihm gefällt. Wir sollten dazu immer wieder innehalten und spüren: Fühlt sie sich wohl, ist sie entspannt, was kommt von ihm zurück? Sonst besteht die Gefahr, dass er sie mit seinen Küssen überschüttet und bedrängt. Und dann ist es sehr wahrscheinlich, dass sie/er aus dem gemeinsamen Küssen aussteigt. Offenbar geht es hier um die bereits erwähnte Achtsamkeit. Und dazu gehört, dass wir die sehr feuchten Küsse vermeiden. Das ist allerdings schwierig, denn bereits bei intensiveren Küssen kann die Feuchtigkeit ausgetauscht werden, die in einigen Esslöffeln Wasser enthalten ist.

## Der Zungenkuss

Die größte Herausforderung der romantischen Küsse besteht allerdings im Einsatz der Zunge. Daher will dies gut vorbereitet sein. Denn wenn wir sofort mit der Zunge küssen, ist dies wie ein Überfall, es ist aufdringlich und führt schnell dazu, dass der andere das Gefühl hat, überwältigt zu werden. Es ist gleichsam so, dass wir vorher anklopfen müssen, um Einlass bitten, um uns dann vorsichtig mit der Zunge vorzuwagen, bis wir merken, dass auch sie bzw. er mit der Zunge antwortet. Dann ergibt sich ein leidenschaftliches Zungen-Gespräch. Dabei gibt es jedoch große Qualitätsunterschiede.

Eine lebenserfahrene Frau vertraute mir an, sie habe selten sehr gute Küsser kennengelernt. Die meisten Küsse seien durchschnittlich gewesen und manche auch schlimm: „Ein Mann nahm meinen Kopf in beide Hände und dann spürte ich schon seine Zunge. Ich fühlte mich ihm ausgeliefert. Bei einem anderen Mann bekam ich keine Luft, weil er seine Lippen so fest an mich presste, dass ich das Gefühl hatte, ohnmächtig zu werden. Viele Küsse waren grenzwertig. Aber ein sehr guter Küsser war ein Franzose, der mich – ich war damals 26 Jahre alt und Single – im Zelt besuchte. Es war himmlisch, weil er sich Zeit nahm, er küsste mich erst zart, dann spürte ich seine freche Zunge, die auf Erkundungstour ging und er hatte die Geduld zu warten, um dann mein Küssen zu erwidern."

## Ich kann diesen Kuss nicht vergessen

Es gibt offenbar geschickte Küsser, doch sie haben Seltenheitswert. Das war auch die Meinung eines guten Freundes, der früher zahlreiche Beziehungen mit Frauen einging. Er schrieb mir: „Ich habe Frauen immer gern geküsst. Aber oft waren sie beim Küssen zu stürmisch, zu schnell. Andere waren zu sachlich, zu zurückhaltend. Wirklich ins Schwingen bin ich nur mit einer Frau gekommen. Ihre Küsse waren für mich eine Offenbarung. Sie küsste zunächst sanft und zart und wurde dann immer leidenschaftlicher. Ich habe sie vor Jahren zum letzten Mal gesehen, aber ihren Abschiedskuss kann ich nicht vergessen."

## Berühmte Filmküsse

Wir sehen also, dass das Küssen ziemlich kompliziert ist, so dass sich die Frage stellt: Was können wir tun, um besser zu küssen? Allerdings ist es nicht einfach, darauf schnell eine tiefgründige Antwort zu geben. Ich möchte daher mit der Anfangszeit des Küssens beginnen. Können Sie sich noch daran erinnern, wie Sie als Jugendliche das Küssen erlernt haben? Vielleicht haben Sie seinerzeit auch die Empfehlung bekommen, man könne das Küssen üben, indem man eine Apfelsine nimmt und dann die Lippen drauf presst. Ich bin mir nicht sicher, ob das sehr realistisch ist. Naheliegender ist es, wenn man den eigenen Arm küsst. Sehr anschaulich wird dies im Film ‚My Girl – Meine erste Liebe' aus dem Jahr 1991 dargestellt, in dem die elfjährige Vada ihren ersten Kuss ausprobiert. Zunächst übt sie ihre Kusstechnik an ihrem Arm und befielt schließlich dem kleinen, schüchternen Thomas, er solle die Augen schließen. Nachdem sie bis drei gezählt hat, bekommt er den ersten Kuss.

Realistischer ist es jedoch vielleicht, wenn wir uns das Küssen im Kino ansehen. Vor allem ältere Filme sind eine gute Schule des Küssens, denn früher warteten alle Zuschauer immer gebannt auf den intensiven Kuss. Deshalb lohnt es sich, wenn Sie sich folgende Szenen betrachten:

Berührend ist noch immer der alte Film ‚Verdammt in alle Ewigkeit' aus dem Jahre 1953. Eine kurze Szene mit einem intensiven, feurigen Kuss, der für einen handfesten Skandal sorgte. Ein Film in schwarz-weiß, in dem man die Sehnsucht spürt und es wird nicht nur geküsst, sondern auch viel geredet.

Doch anregend ist auch die Szene in dem Film ‚Frühstück bei Tiffany' aus dem Jahre 1961. Der Kuss ist zwar nur sehr kurz, weil beide im Regen völlig durchnässt sind. Aber es ist eine sehr romantische Szene.

Und sehenswert ist auch der berühmte Filmkuss in ‚Vom Winde verweht', in dem Rhett Butler der schönen und eigenwilligen Scarlett O'Hara einen Kuss raubt. Sie schwankt zwischen Empörung und Entzückung und verpasst ihm schließlich eine Ohrfeige, da er sie wieder verlässt, um in den Krieg zu ziehen.

## Schau mir in die Augen

Am interessantesten und schönsten war für mich jedoch der Film ‚Casablanca'. Vielleicht erinnern Sie sich an die Szene: Ingrid Bergman macht Humphrey Bogart ein Liebesgeständnis: Sie könne und wolle nicht ohne ihn leben. Ingrid Bergman war damals 27 Jahre alt und bezaubernd schön. Sie küsst ihn voller Hingabe und Selbstvergessenheit, da sie ahnt, dass sie letztlich mit ihrem Mann – der zum Widerstand gehört – leben wird. Sie küsst ihn also mit aller Verzweiflung, weil sie ihre große Liebe verliert.

Schauen Sie sich noch einmal diesen Film an. Dann sehen Sie: Sie küsst ihren Mann eher freundschaftlich, respektvoll, fast wie einen älteren Bruder. Aber die romantischen Küsse tauscht sie mit Humphrey Bogart aus, mit dem sie in Paris einmal glücklich war, den sie aber in der Zukunft nur noch in der Erinnerung lieben kann.

## Entscheidend ist der seelische Austausch

Sie haben jetzt ganz unterschiedliche Kuss-Szenen gesehen. Und sie zeigten sehr deutlich, dass sich jeder Kuss in einer ganz konkreten Situation abspielt. Noch deutlicher: Wir küssen nicht im luftleeren Raum. Daher kann ein guter Kuss nur gelingen, wenn man diese Situation engagiert bewältigt. Immer geht es um die Entwicklung der Beziehung, es geht um die Frage: wie bleiben wir zusammen, was wird aus uns? Erst wenn wir diese Frage beantworten können, wird das Küssen sowohl leidenschaftlich als auch entspannt. Insofern stehen wir vor der Aufgabe, die vielen Stufen der Begegnung zu beschreiten und so das richtige Tempo zu finden. Wenn uns das nicht gelingt, bleibt das Küssen schnell und hektisch.

Das ist bei vielen Hollywoodküssen der Fall, wo die Entwicklung der Beziehung nur angedeutet wird. Dann fehlt der langsame Beginn des Küssens und unvermittelt werden schmachtende, verzehrende Küsse ausgetauscht. Insofern haben die klassischen Filmküsse eine Eigenheit: Wir lernen ein wenig über die anbahnende Kuss-Situation, aber dann küsst man sich kurz und heftig, indem sich die Lippen berühren, um anschließend wieder miteinander zu reden. Die Kunst des Küssens wird uns daher viel mehr in den modernen Liebesfilmen vermittelt.

Denken Sie nur an dem Film ‚Titanic'. Rose, gespielt von Kate Winslet, hat einen reichen Anbeter, der ihr alles schenken würde, aber sie liebt ihn nicht. Sie liebt Jack, gespielt von Leonardo DiCaprio, dem armen Abenteurer, der ihr das Leben rettet. Denn sie will sich umbringen, da sie die Leere ihres Lebens spürt. Schließlich nähern sie sich an. Nachdem sie seinen Finger küsst, umarmt er sie und es beginnt ein leidenschaftlicher Kuss. Oder schauen Sie sich den Film ‚Ungeküsst' an, dann erfahren Sie, wie man in aller Öffentlichkeit auf dem Fussballfeld küssen kann. Doch mein schönster Kuss-Film ist ‚E-Mail für Dich'. Nach einem langen Annäherungsdrama ist sie endlich – mit Tränen in den Augen – bereit für eine Beziehung und für einen langen Kuss, der vom Bellen des Hundes begleitet wird.

Aber auch diese modernen Filmküsse haben immer eine Geschichte, die wichtiger ist als die Technik. Und so sagte auch ein junger Mann kürzlich zu mir: „Entscheidend ist beim Küssen immer der seelische Austausch, nicht die Technik." Das stimmt und dennoch sollten wir einige Erkenntnisse beachten:

## Gute Küsse sind spielerisch

Ein guter Kuss ist wie ein Musikstück, das nach der Ouvertüre langsam beginnt. Jeder sollte sich auf den anderen einstimmen und emotional in Fahrt kommen, bis beide eine tiefe seelische Verbundenheit spüren. Küssen gelingt offenbar, wenn man das Gefühl hat, in einem guten Kontakt zu sein. Das ist die Basis des Küssens. Doch dann zeichnet sich ein gelungener Kuss auch dadurch aus, dass er spielerisch wirkt. Natürlich entspringt die Leidenschaft des Kusses mitunter einer fast verzweifelten Sehnsucht. Küssen ist kein Kindergeburtstag – meinte daher eine Kollegin. Es kann jedoch problematisch sein, wenn der andere das Gefühl hat, verschlungen zu werden und nur noch die Begierde des Partners spürt. Insofern gilt: Gute Küsse beinhalten kurze Pausen, in denen man ‚zuhört'. Dann werden Küsse zu einem Dialog, bei dem es nicht darum geht, den Anderen zu überwältigen. Sie haben nicht mehr das Ziel, etwas zu bewirken, so dass sie mitunter sogar unbeschwert und entspannt sind.

## Das Streicheln

Dabei wird die für das Küssen so wichtige Mischung von Verbundenheit und Unbeschwertheit verstärkt, wenn sie von unseren Händen begleitet werden. Deshalb meinte Mark Twain einmal: „Ein Kuss ist eine Sache, für die man beide Hände braucht." Denn diese Hände umfassen den Anderen, streicheln seine Wangen, den Kopf, den Rücken, wir fühlen uns in jeder Weise berührt. Dies Streicheln ist manchmal sogar das Wichtigste. Das jedenfalls war die Aussage einer 50jährigen Frau. Sie meinte: „Das Küssen fand ich immer nett. Aber ich bin dahingeschmolzen, wenn er meinen Kopf in beide Hände nahm, wenn er meinen Hals ganz leicht streichelte oder wenn er mit den Händen den Rücken rauf und runter fuhr. Dann war ich immer hin und weg."

## Augen zu

Allerdings gibt es beim Küssen ganz unterschiedliche Wünsche. Die meisten Frauen lieben es, beim Küssen die Augen zu schließen. Jedenfalls machen 97% aller Frauen die Augen zu, sobald sich die Lippen berühren, aber nur 30% der Männer. [11] Frauen küssen lieber mit geschlossenen Augen, weil sie sich dadurch besser auf das Küssen einstellen können. Das ist auch sinnvoll, denn Wissenschaftler der Universität in London stellten fest, dass es das Gehirn mit all den Reizen überfordert, wenn wir beim Küssen die Augen offen halten. Deshalb konzentrieren sich Frauen auf die Berührungen der Lippen, der Zungen, auf das Riechen, den Tastsinn. Dadurch sind sie fähig, sich mehr auf das Küssen einzulassen, während viele Männer gern die Kontrolle behalten. Männer wollen sehen, was passiert, fühlen sich dadurch sicherer, empfinden dafür aber weniger.

## Darf man küssen?

Nun haben wir uns intensiver mit dem Geheimnis des guten Kusses beschäftigt. Aber Sie werden sich mitunter zunächst die berechtigte Frage stellen: Wann darf man küssen? Ein junger Mann erzählte mir, diese Frage habe ihn immer geplagt. Oft habe er sich vorgenommen, eine Frau zu küssen, fand aber jeweils die Situation nicht geeignet. Danach hatte er den Eindruck, die richtige Gelegenheit verpasst zu haben. Mit leicht gerötetem Gesicht sagte er mir: „Ich saß mit ihr händchenhaltend im Kino und schwitzte und überlegte mir: Darf ich sie jetzt küssen und was kommt dann? Aber es kam zu nichts – und darüber war ich fast beruhigt – weil ich immer die Befürchtung hatte, mich aufzudrängen. Fast wäre es mir lieber gewesen, sie hätte mich geküsst. Ich habe einmal erst Wochen später die Überzeugung gewonnen, dass ich sie gern geküsst hätte. Doch da war es zu spät."

Was also ist der richtige Zeitpunkt, um den Anderen zu küssen? Diese Frage wird in vielen Illustrierten diskutiert und oft werden kluge Ratschläge erteilt. So wird manchmal empfohlen, dass man um Erlaubnis fragen solle. Diese Frage: ‚Darf ich Dich küssen?' ist sicher eine Möglichkeit und immer noch besser als ein unerwünschter Überraschungskuss. Aber dennoch hat mich diese Fragestrategie häufig überrascht. Denn ich fand es schon immer merkwürdig, wenn sich ein Mann bei einer Frau erkundigt: ‚Liebst du mich?' Schließlich gehe ich davon aus, dass man das merken könnte. Es sind die kleinen Komplimente, Berührungen, Blicke, Gespräche und Emails.

Es sind viele Hinweise, die wir wahrnehmen können, um schließlich deutlich zu spüren: Sie liebt mich. Und das ist dann eine gute Voraussetzung dafür, dass wir sie küssen dürfen. Das ist zumindest eine Einladung dafür, dass wir mit den vorbereitenden Aktivitäten beginnen:

- o Die Intimität: Wir berühren wie zufällig ihre Hände, ihren Nacken, streifen mit unseren Fingern flüchtig ihre Wangen und sehen dann sehr genau, ob ihr das lästig ist oder sie sich darüber freut. Das ist immer ein Test dafür, ob unsere größere Zuneigung willkommen ist.

o Die Verringerung des Abstands: Wir rücken näher aneinander heran. Wenn wir uns normal unterhalten, sind
unsere Köpfe meist 45 cm voneinander entfernt. Sobald
wir diese sog. Fluchtdistanz unterschreiten, werden wir
sofort sehen, ob sie unserem Wunsch nach mehr Intimität zustimmt. Denn entweder weicht sie zurück, wenn
Sie mit dem Kopf näher kommen oder sie bleibt zuge-
neigt. Dies ist eins der Zeichen, dass wir küssen dürfen.

o Häufig gibt es dann einen Probekuss, der sich so flüchtig abspielt, als würden wir ihn stehlen. Und anschließend halten wir inne. Entweder wird nun dieser Kuss
erwidert oder er war ein einmaliges Angebot, das keine
Zustimmung fand.

## Interessante Küsse

Offenbar ist das Küssen vor allem beim Beginn einer Beziehung
eine Mutprobe und glücklicherweise sind die meisten Frauen
und Männer selbstbewusst genug, sich auf diesen sinnlichen
Dialog einzulassen. So erklärt es sich, dass sich 2/3 aller Frau-
en und Männer jeden Tag mindestens einmal küssen. Und
mehr als die Hälfte küsst sich sogar mehrfach am Tag. [12] Doch
was sind die wichtigsten Voraussetzungen dafür, dass wir gut
küssen? Ich habe bereits erwähnt, dass das Küssen immer ein
Dialog der Lippen ist, so dass dazu eine hohe Sensibilität gehört.

Insofern setzt das Küssen die Fähigkeit zum Zuhören voraus.
Aber zum Küssen sind wir auch darauf angewiesen, dass wir
‚reden‘, dass wir uns zeigen, dass wir leidenschaftlich sind und

über eine innere Stärke verfügen. Eine junge Frau klagte einmal über einen Mann: „Der war lieb, aber so zurückhaltend, dass ich ihn beim Küssen nicht spürte. Um im Bild zu bleiben: Der redete nicht, er schwieg. Er war wie abwesend, das war nicht lebendig genug."

Es geht also beim Küssen auch darum, dass Sie als Person aufregend, interessant, abwechslungsreich sind. Sonst werden Küsse langweilig. Deshalb sollten wir darauf achten, dass unsere Küsse immer wieder etwas Neues, etwas Überraschendes, etwas Interessantes haben.

Das können wir erreichen, wenn wir plötzlich auf eine andere Weise küssen, schneller küssen, dass wir unerwartet mit der Zunge die Lippen des anderen erkunden oder länger küssen, als wir das sonst gewohnt sind. Allerdings geht es mir nicht darum, dass Sie sich jetzt eine Technik aneignen, bei der Sie immer wieder anders küssen. Denn Küssen ist nicht zu verwechseln mit einer Tanztechnik, mit der man dann den Foxtrott oder den Walzer beherrscht. Schließlich ist Küssen grundsätzlich nicht nur eine Technik, sondern der Ausdruck unseres Lebens.

## Der Resonanzboden

Nur wenn wir ein interessantes Leben führen, in dem wir mutig Probleme bewältigen und um eine beständige Ausdauer ringen, entwickelt sich in uns ein seelischer Resonanzboden, der uns gut küssen lässt. Letztlich zeigt sich in unserem Kuss immer

unsere gesamte Persönlichkeit und darum habe ich drei Vor-
schläge:

o Interesse: Achten Sie darauf, dass Sie lernen, gut zuzuhören und sich für andere Menschen zu interessieren. Engagieren Sie sich für wichtige Projekte.
o Lebensziele: Stellen Sie sich die Frage: Was will ich
im Leben erreichen, was sind meine Lebensziele und
wie kann ich sie verwirklichen?
o Zufriedenheit: Allerdings sind Sie nicht nur auf große Ziele, sondern auf viele kleine Schritte angewiesen
und die Ausdauer, sie zu realisieren. Dabei ist die innere Zufriedenheit die größte Kraftquelle für diese
Ausdauer. Achten Sie daher darauf, dass Sie mit sich
und Ihrem Leben zufrieden sind. Das können Sie regelrecht üben, indem Sie sich in vielen Situationen
fragen: ‚Habe ich das nicht gut gemacht?' Dann tragen Sie einen guten Freund gleichsam auf Ihrer
Schulter, der Sie ständig lobt. Wenn Ihnen das gelingt, werden Sie merken, dass diese innere Zufriedenheit auch das wichtigste Fundament für gute
Küsse ist. Denn zufriedene Menschen spüren sich
und den anderen stärker und vor allem: Sie küssen
ruhiger und intensiver.

Wenn Sie diese Hinweise realisieren können, werden Sie zu
einem intuitiven Küsser, der geradezu instinktiv das richtige
Tempo wählt, für den das Küssen ein aufregender Dialog, ein
sinnliches Spiel ist, das Spaß macht. Dann wird das Küssen

wirklich zu einem Abenteuer, so wie es Erica Jong in ihrem Roman ‚Angst vorm Fliegen' geschildert hat.

## Der nasseste Kuss der Menschheitsgeschichte

Sie beschreibt dort eine verheiratete Journalistin, die an einem Kongress teilnimmt und bei der Einführungsveranstaltung einen Mann kennenlernt, in den sie sich verliebt. Sie umarmen sich munter auf dem Innenhof und tauschen dort den ‚nassesten Kuss der Menschheitsgeschichte' aus. Seine Zunge ist überall, wie auf einem Weltmeer segeln sie davon. Sein Penis bäumt sich in der Cordhose auf wie der hochaufragende Schornstein eines Ozeandampfers und sie streicht an ihm entlang, ächzt und stöhnt wie der Meereswind. Unbekümmert sagt sie ihm törichte Dinge und auch er macht ihr anzügliche Komplimente über ihren wunderbaren Hintern bis sie davonschwebt. [13]

*Das Küssen ist Ausdruck der Fresslust,*
*darauf ausgerichtet, das Objekt zu verschlingen.*
*Casanova*

# Die Abneigung zu küssen

Das Küssen kann so wunderbar sein, dass wir uns vorübergehend wie in einem sinnlichen Rauschzustand befinden. Doch es
gibt auch Menschen, die nicht gern küssen. 10% aller Erwachsenen in Deutschland haben eine Abneigung gegen das Küssen.
Allerdings kommt es hier immer auf den Stärkegrad der Abneigung an. Es gibt eine leichte Abneigung, die oftmals darin
besteht, dass uns etwas stört. Es gibt eine mittlere Abneigung,
die eine Angst beinhaltet, etwas falsch zu machen. Dann handelt es sich um die Philemaphobie. Doch eine massive Abneigung ist mit dem Gefühl des Ekels verbunden, so dass man
mitunter lebenslänglich dem Küssen ausweicht.

## Die Kussnorm

Nun wäre es problematisch, diese Menschen zu pathologisieren
und ihnen vorzuhalten, sie müssten lernen, richtig zu küssen.
Vielmehr stehen wir hier vor der Aufgabe, diese Menschen zu
verstehen. Dies war auch die Forderung der Sexualwissenschaftlerin Ingelore Ebberfeld. Sie beklagte, dass es einen
Zwang zum Küssen gibt und meinte, man würde Menschen
ausgrenzen, wenn sie aus dem Raster fallen. Das Küssen sei
heute Liebesbeweis und Ausdruck von Nähe. Auch Nicht-

küsser sollten sich wohlfühlen dürfen. Sie fordert deshalb die Durchbrechung der ‚Kussnorm'.

## Der partielle Kussmuffel

Tatsächlich gibt es manchmal gute Gründe, nicht zu küssen. Ich küsse Freunde nicht gern zum Abschied, wenn sie mich so leidenschaftlich umarmen, dass ich hinterher unter Verspannungen leide. Zudem kann ich durch eine Rückenerkrankung meinen Kopf kaum bewegen und meine Nase steckt dann mitunter in einem Pelz oder einem flauschigen Mantel fest, wenn der oder die andere sehr leidenschaftlich gestimmt ist. Mich stören also bestimmte Umstände beim Küssen und daraus kann tatsächlich eine Abneigung entstehen. Davon handelt das Lied der ‚Prinzen': Küssen verboten. Es beschreibt einen Jungen, der es nicht leiden konnte, als ihm ein Mädchen mit ihren feuchten Lippen näher kam. Was die Prinzen besingen ist der partielle Kussmuffel, der bestimmte Umstände und Eigenschaften beim Küssen nicht mag. Er ist zwar grundsätzlich für das Küssen aufgeschlossen, aber es gibt Beeinträchtigungen, die ihn hindern, das Küssen zu genießen. Dabei ist diese Abneigung zum Teil ein gesunder Selbstschutz. [14]

## Der Bart

Dazu gehört insbesondere eine Abneigung gegen störende Einflüsse beim Küssen, wie es zum Beispiel der Bart eines Mannes sein kann. Denn immerhin 36% der jungen Männer tragen einen Bart. Im Internet gibt es daher zahlreiche Beiträge von Frauen, die ständig mit Hautreizungen zu kämpfen haben. Sie klagen darüber, dass jeder Kuss bei ihnen zu einer Hautrötung führen könne. Und es werden zahlreiche Ratschläge vorgestellt, wie man beispielsweise durch eine gute Pflege, durch Öle und eine Feuchtigkeitskur den Bart weicher bekommen könne. Wenn man ihn dann noch ordentlich behandelt und jeden Tag kämmt, würden die Talgdrüsen die Haare mit mehr Hautfett und Feuchtigkeit versorgen, so dass sie weicher werden.

## Das Schwitzen

Erheblich seltener ist das übermäßige Schwitzen, unter dem 5% aller Erwachsenen leiden. Allerdings bringt dies häufig große Probleme mit sich, denn es gibt viele Menschen, die den starken Körpergeruch des anderen als sehr unangenehm empfinden. Nun ist das Schwitzen zwar grundsätzlich wichtig und gesund. Doch wer schon bei kleinen Anstrengungen schwitzt, immer schweißige Hände und durchnässte Kleidung hat, leidet unter der Hyperhidrose. Davon sind in Deutschland 800.000 Menschen betroffen. Sie selbst nehmen ihren Körpergeruch oft nicht mehr wahr und es ist hilfreich, wenn man sie liebevoll darauf anspricht. Denn es gibt durchaus Maßnahmen, die gegen ein übermäßiges Schwitzen ergriffen werden können. Es gibt Salben und Sprays, die die Schweißproduktion reduzieren. Man kann die Schweißdrüsengänge durch einen elektrischen Strom behandeln (Iontopherese) und auch die Injektion von Botox kann helfen. Aber am wichtigsten ist es, sehr regelmäßig zu duschen und auf Körperhygiene zu achten. Hierbei kann ein Partner unterstützen, indem er/sie klare Rückmeldungen gibt.

Doch das fällt uns meist schwer, weil uns diese Thematik peinlich ist und wir auch nicht gelernt haben, solche Probleme offen anzusprechen. Allerdings müssen wir dazu unser Gefühl der Peinlichkeit überwinden. Denn wir leiden massiv unter Schamgefühlen, wenn wir eine solche Problematik ansprechen und finden dadurch oft nicht die richtigen Worte. Meist reden wir erst, wenn wir uns sehr ärgern oder uns bedrängt fühlen. Dann jedoch handeln wir eher ungeschickt und stehen daher vor der Herausforderung, sachlicher und zugleich unterstützender mit solchen Problemen umzugehen.

Zwar sind wir meist nicht so ungeschickt wie eine Geschäftsfrau, die ihrem Partner sagte: „Du stinkst." Aber wir können häufig besser solche Situationen bewältigen, indem wir dem Partner im Wesentlichen positive Botschaften vermitteln, mit denen wir die kritischen Worte gleichsam einhüllen. Dann könnten wir ihm sagen: „Du bist ein toller Typ, Du bist verlässlich, hast eine wunderbare Stimme, ich bin gern mit Dir zusammen und die Begegnungen mit Dir wären noch schöner, wenn Du immer duschst, nachdem Du mit dem Rad gefahren bist. Das wäre das Geschenk des Tages." Eine Patientin von mir fand dies ziemlich übertrieben, wendete es aber trotzdem an und hatte damit Erfolg. Hinterher sagte sie zu mir: „Offenbar ist schleimen wichtig."

## Der Mundgeruch

Etwas häufiger als das Schwitzen kommt es allerdings vor, dass der Andere unter Mundgeruch leidet, schlechte Zähne hat oder insgesamt ungepflegt ist. Vor allem der Mundgeruch ist nicht selten. Selbst Clark Gable soll unter starkem Mundgeruch gelitten haben, als er in dem Film ‚Vom Winde verweht' die temperamentvolle Scarlett O'Hara küsste. Sie sei ihm daher privat eher aus dem Weg gegangen. Jedenfalls sollen 6% aller Menschen chronisch, und 25% gelegentlich unter Mundgeruch leiden.

## Die richtigen Worte finden

Auch hier wäre es sinnvoll, dies bedacht anzusprechen und den Anderen zu bitten, ein Mundwasser zu verwenden und sich um diese unangenehme Symptomatik zu kümmern. Denn häufig ist ein säuerlicher Mundgeruch das Ergebnis einer körperlichen Problematik - vor allem von Sodbrennen und Verdauungsbeschwerden. Ein sehr heftiger Mundgeruch kann aber auch auf ein Magengeschwür hinweisen. Wenn Sie den Anderen achtsam darauf aufmerksam machen, ist dies eine wichtige Unterstützung. Das würde (hoffentlich) nicht nur den Mundgeruch verringern, sondern auch das Küssen verbessern.

Natürlich sollten wir auch auf unseren eigenen Mundgeruch achten, wenn wir beispielsweise rauchen. Viele Frauen mögen den Geruch von Tabak nicht und es wäre zu erwägen, ob Sie nicht das Rauchen reduzieren oder einstellen. Andere sind gegen Knoblauch oder den Geruch von Zwiebeln empfindlich. Daher ist es keine gute Idee, dass man küsst, wenn man gerade ein Gericht mit rohem Knoblauch gegessen hat.

## Die grundsätzliche Abneigung

Allerdings geht die Abneigung gegen das Küssen oft viel weiter und lässt sich nicht mit wenigen Maßnahmen bewältigen. Einer der häufigsten Einwände gegen das Küssen beruht auf dem Argument, es sei unhygienisch. Es gibt Menschen, die sich vor dem Küssen regelrecht ekeln. Umfragen zeigen, dass es bei den Frauen nur 5%, bei den Männern 8% und bei den Akademikern sogar 20% sind. [15] Sie finden es unhygienisch, dass man Speichel austauscht und mit der Zunge die Mundhöhle ertastet, in der einige Stunden vorher noch Fleisch, Wurst und Käse zerkaut wurden. Einer meiner Patienten, der eine große Abneigung hatte zu küssen, erzählte mir: „Wenn ich die fleischigen Lippen sehe, die Zähne mit Goldfüllung, die Zunge, die sich wie ein Reptil ringelt, den Speichel im Mund und die Speisereste erahne, wenn ich all dies küssen soll, was mich eher an ein feuchtes Moor erinnert, wird mir schlecht."

Nun wissen wir ja alle, dass das Küssen ein feuchtes Abenteuer ist, bei dem man viele Bakterien austauscht. Aber üblicherweise stört uns das nicht, weil es eine magische Veränderung gibt, sobald wir uns den Lippen des Anderen nähern. Wir erleben daher den Kuss nicht mehr mit der nüchternen Distanz eines Zahnarztes, sondern es findet eine Verklärung statt, weil wir uns eingeladen fühlen, mehr Nähe herzustellen und sich mit Anderen zu vereinigen. Die Erwartung, dass wir die übliche Distanz aufheben und eine körperliche Innigkeit herstellen, macht uns glücklich. Doch wenn ein Mensch eine grundsätzliche Angst vor dem Küssen verspürt, bleibt er in einer Haltung des Beobachtens und seine Gefühle sind von einem grundsätzlichen Unbehagen erfüllt. Das ist häufig das Resultat einer Schüchternheit, die viele Menschen kennen. Denn sie ist eine universale Problematik, die fast alle in gewissen Ausprägungen betrifft. Wir trauen uns manches nicht, reagieren mit Lampenfieber, wenn wir eine Rede halten sollen, sind verlegen, wenn wir vermeintlich einen Fehler gemacht haben. Diese Hemmung dämpft auch das Küssen, weil wir zu wenig wagemutig, zu zurückhaltend sind.

Ich will Ihnen das an dem Beispiel einer 68jährigen Frau verdeutlichen, die mir sagte, sie habe immer vorsichtig geküsst. Erst als ihr Mann gestorben sei – sie war damals Anfang 60 – sei sie mutiger geworden. Sie habe damals das Gefühl gehabt, sie habe nichts mehr zu verlieren. Mich erinnerte das an den Roman ‚Die Liebe in den Zeiten der Cholera' von Gabriel Garcia Márquez. Dort beschreibt er das Leben der Witwe Fermina, die erst im Alter lernt, schamlos zu küssen und zu lieben. Sie hatte bisher eine Ehe ohne große Leidenschaft gelebt und genoss nun die aufregende Liebe mit einem Mann, der zwar gebrechlich war, aber sehr auf sie einging. Ihn küsste sie ausgiebig, obgleich sie zunehmend ihr Alter spürte.

## Die Angst zu küssen

Offenbar hemmen Schamgefühle und Selbstzweifel sehr oft unser Verlangen zu küssen. Insofern sind wir beim Thema Küssen immer wieder mit der Frage konfrontiert, wie wir ein unsicheres Selbstwertgefühl überwinden können. Denn das Fundament unseres Lebens besteht darin, dass wir wissen, wer wir sind und vor allem, dass wir unsere positiven Eigenschaften kennen. Dann sind wir auch in der Lage, uns unbekümmerter anderen Menschen zuzuwenden. Das wurde mir klar, als ich mit einem Studenten sprach, der eher ängstlich war und sich nicht traute, Frauen zu küssen. Bereits in den ersten Therapiestunden erzählte er mir, sein Vater habe ihn ständig infrage gestellt. Dieser sei selbst sehr unzufrieden mit seinem Leben gewesen, obgleich er einen kleinen Betrieb aufgebaut habe. Er habe nur das Negative gesehen und das habe auch seine Erziehungsmethode geprägt. „Wenn wir zusammen bastelten, sagte er zu mir: Gib es her, das kannst Du nicht. Und wenn ich Weihnachten nach Hause fuhr, predigte er ständig, was ich besser machen könnte. Das hat dazu geführt, dass ich immer unsicherer wurde. Daher ging ich Frauen aus dem Weg, denn ich glaubte nicht, dass sie mich lieben würden. Diese massiven Gefühle der Unzulänglichkeit waren so stark, dass ich mir nicht vorstellen konnte, eine Frau zu küssen."

Erst in der Therapie lernte der Patient, stärker auf seine positiven Eigenschaften zu achten. Dies gelang vor allem durch die ‚Spiegelungsarbeit', bei der ich dem jungen Mann vermittelte, dass er stolz auf seine sozialen Fähigkeiten, seine Ausdauer, seine schöne Stimme und sein Aussehen sein konnte. Er wurde selbstbewusster und es kam der Zeitpunkt, an dem sich ein erster Kuss ergab.

## Anregung

Könnten Sie einmal Ihre positiven Eigenschaften schildern? Wenn Sie Schwierigkeiten damit haben, fragen Sie bitte Ihre Freunde, diese Eigenschaften aufzuschreiben. Sie werden sehr berührt sein, wie wertschätzend Sie von Ihren Freundinnen und Freunden gesehen werden. Dann sollten Sie bitte eine Angewohnheit vermeiden, mit der wir häufig reagieren. Sagen Sie den Freunden nicht, dass Sie so viel Anerkennung nicht verdient haben. Oftmals überzeugen wir dann die Freunde sogar von unseren vermeintlich negativen Eigenschaften. Bitten Sie vielmehr die Freunde, dass Sie die Anerkennung mit Beispielen verdeutlichen. Dann sind Sie viel besser in der Lage, die wertschätzenden Worte zu verinnerlichen.

## Mangelndes Urvertrauen

Wir haben nun gesehen, dass Küssen ein genügendes Selbstbewusstsein voraussetzt. Denn nur wenn ich mich innerlich stark fühle, kann ich dem Anderen vertrauen und mich ihm hingeben. Das ist die wichtigste Aussage in dem Roman ,Die große Liebe' von Pearl S. Buck. Er handelt von der hübschen und eigenwilligen Margaret, die glücklich darüber ist, dass Robert sie endlich heiraten will, so dass sie ihn leidenschaftlich küsst. Doch er muss diesen Kuss unterbrechen. „Er zitterte vor der Macht, die sie über ihn hatte. Ihre Lippen, an die seinen gepresst, setzten sein Blut in Brand, und seine Glieder schmolzen. Er wehrte sich gegen solch eine Selbstaufgabe. Irgendwo in ihm musste, wenn er der Herr über sein Leben sein wollte, ein Ort übrig bleiben, wo er allein war und alles, was er besaß, überwachen konnte, selbst sie." [16] Sie konnte seine Zurückhaltung verstehen. Denn auch sie war bemüht, ihre Persönlichkeit zu bewahren. Als sie sich anziehen wollte, fragte sie zunächst, was er ihr empfehlen würde. Doch dann korrigierte sie sich und meinte: "Nein, sag nichts - ich muss ich selber bleiben."

Diese Gefühle kennt wohl fast jeder von uns, denn wir stehen immer vor der Herausforderung, dass wir uns nur dann dem anderen anvertrauen können, wenn wir den Eindruck haben, unser eigenes Leben kontrollieren zu können. Dann haben wir das Grundgefühl, seelisch stabil zu sein und den Widrigkeiten des Lebens gewachsen sind. Doch wie entwickeln wir diese Stabilität? Schließlich spüren wir mitunter, dass unsere seelische Stabilität im Leben schwankt. Wir sind unsicher, leiden unter Kopfschmerzen und Schlafstörungen und haben ein eher geringes Selbstwertgefühl. Das erstaunt, denn wir haben einen interessanten Beruf, sind vielleicht verheiratet und haben Kinder und leben in geordneten Verhältnissen. Dennoch sind wir seelisch instabil und vor allem bleibt unsere Fähigkeit gering, selbstbewusster zu werden und anderen vertrauen zu können.

## Der Dauerstress

Dann ist es wichtig, auch die Kindheit aufzuarbeiten, in der sich viele von uns nicht auf ihre Eltern verlassen konnten. Auf diese Weise konnten sie kein Selbstvertrauen und auch kein Urvertrauen erwerben und vor allem: Ihre seelische Stabilität blieb gering und jede äußere Belastung führte zu großen Anspannungsgefühlen. Durch diesen Dauerstress kann mitunter eine tiefe Abneigung gegen das Küssen entstehen. Sie ist noch viel stärker und radikaler als milde Ängste, die man leichter überwinden kann. Doch eine solche Abneigung ist eine aktive innere Sperre, die dazu dient, frühere Verunsicherungen zu vermeiden.

## Küssen und Körperflüssigkeit

Dies war der Fall bei einer 40jährigen Lehrerin, die wegen anhaltender Stimmungsschwankungen zu mir in die Therapie kam. Sie war immer adrett gekleidet, war pünktlich, hatte alles unter Kontrolle. Dabei mochte sie durchaus mit Männern übernachten, sie mochte Sex und war nicht gern allein. Aber sie wich dem Küssen aus, das ihr viel zu intim war. „Küssen sei der Austausch von Körperflüssigkeit" - vertraute sie mir an, „da bleibe ich lieber bei Zärtlichkeiten und beim Sex." Diese Aussage fand ich widersprüchlich, da gerade beim Sex Körperflüssigkeit ausgetauscht wird. Dies behielt ich aber für mich.

## Belastende Ereignisse

Schließlich wollte ich vor allem verstehen, wie diese radikale Abneigung gegen das Küssen entstanden war. Denn mir war klar, dass es schwerwiegende belastende Kindheitserfahrungen gegeben haben musste. Deshalb wollte ich sie besser kennenlernen und fragte:

o   Wie haben Sie als Kind in den ersten Jahren die Beziehung zu den Eltern, Großeltern und Geschwistern erlebt?

o   Haben Sie es gelernt zu vertrauen oder gab es häufig schwerwiegende Belastungen, Kränkungen und Enttäuschungen?

o   Wie war der Körperkontakt, wie waren Zärtlichkeiten und Umarmungen?

o   Wie haben Sie die ersten erotischen Erfahrungen erlebt?

Als ich daraufhin den schriftlichen Kindheitsbericht auswertete,
den die Patientin auf meinen Wunsch anfertigte, achtete ich vor
allem darauf, ob es dramatische, belastende Ereignisse gab, die
ihr Urvertrauen beschädigt haben. Ich versuchte also die Kindheit der Lehrerin zu begreifen und mir wurde klar, dass ihre
Mutter ein schwerwiegendes Alkoholproblem hatte. Die gesamte Beziehung sei daher unzuverlässig gewesen – erinnerte sich
die Patientin. Sie habe zunehmend auf die Mutter eingehen
müssen, was wir als Parentifizierung bezeichnen. Dann über-
nehmen Kinder bzw. Jugendliche die Elternrolle. Sie habe so
darunter gelitten, dass sie mit 17 Jahren eine Essstörung entwi-
ckelte und magersüchtig geworden sei. Das habe sie gut über-
wunden, aber ihr würde heute schlecht werden, wenn etwas
unordentlich sei. Bei ihr sei immer alles penibel aufgeräumt.
Am Ende der Therapie erkannte die Patientin, dass sie die
mangelnde innere Stabilität durch eine äußere Ordnung ersetzt
habe. Mit dieser Zwanghaftigkeit sei sie gut durchs Leben gekommen. Aber mit dieser Haltung könne man nicht gut küssen,
denn jeder Kuss sei ein unberechenbares Abenteuer.

## Die aktuelle Lebenseinstellung

Ich war sehr beeindruckt, dass diese Patientin ihr eigenes Verhalten durchaus verstand, indem sie einen Zugang zu ihrer
Kindheit gewinnen konnte. Dann war es für sie aber auch wichtig, dass sich ihre aktuelle Lebenseinstellung änderte. Zwar
bildet die Kindheit die Grundlage für unser Verhalten, anderer-

seits stabilisieren jedoch die gegenwärtigen Lebenseinstellungen diese Vergangenheit in Form der Kindheitsmuster. Deshalb ist es beim Thema Küssen so entscheidend, dass man auch an der Gegenwart arbeitet. So achtete sie beispielsweise zunehmend darauf, dass sie sich Freunde und auch Männer suchte, denen sie mehr vertrauen konnte. Sie sagte mir schmunzelnd: „Ich änderte mein Beuteschema, ich suche mir Männer, die nicht nur erwartungsfroh sind, sondern immer wieder etwas für mich tun, auf die ich mich verlassen kann."

Auch die Therapie spielte bei dieser Entwicklung natürlich eine Rolle, weil die Patientin hier emotional korrigierende Erfahrungen machen konnte. Dies bewirkte, dass das Selbstbewusstsein der Lehrerin stieg. Denn das Zentrum unserer eigenen Entwicklung ist immer die Beziehung zu uns selbst. Daher achtete ich darauf, dass die eher selbstkritische Patientin selbstbewusster wurde. Beispielsweise habe ich ihr geraten, sie solle jeden Abend in einem Heft aufschreiben, was sie an diesem Tag gut gemacht habe. Das fiel ihr anfänglich schwer, aber sie merkte nach einiger Zeit, wie sie tatsächlich selbstbewusster wurde. Und deshalb wunderte ich mich nicht, dass sie nach einigen Jahren feststellte, dass ihr das Küssen mitunter mehr Spaß machte.

Diese Entwicklung der Lehrerin beeindruckte mich enorm und bestätigte mich in meiner Überzeugung: Wie wir küssen ist Ausdruck unserer Persönlichkeit. Wenn wir selbst eine Abneigung gegenüber dem Küssen haben, die nicht primär mit dem Verhalten anderer zusammenhängt, sollten wir daher über uns, unsere Entwicklung und unsere Lebenseinstellung nachdenken.

Das Küssen zeigt uns gleichsam, wo es Entwicklungspotentiale gibt, die wir nutzen können. Nun mag Sie diese Einschätzung erstaunen. Eine Patientin meinte einmal zu mir: „Sie können doch nicht im Ernst verlangen, dass ich über mein ganzes Leben nachdenken soll, damit ich gelegentlich für fünf Minuten einen Mann küssen kann." Doch genau darum geht es mir, denn es gibt beim Küssen keine einfachen Lösungen. Ich werde immer unruhig, wenn ich im Internet oder in Büchern schnelle Ratschläge lese, mit denen ein komplexes Problem gelöst werden soll, nach dem Motto: ‚Man muss ja nur…‘ Allerdings bin ich auch gern bereit, Ihnen – wenn es passt – geeignete Hinweise zu geben, die bereits nach einigen Tagen oder Wochen wirken können.

## Kleine Schritte – große Wirkung

Beispielsweise kann ich Ihnen die Methode ‚kleine Schritte-große Wirkung‘ empfehlen, die wir auch beim Sport und in der Gesundheitsvorsorge kennen. Wir wissen, dass bereits wenige Stunden sportlicher Bewegung in der Woche den gesundheitlichen Zustand erheblich verbessern. Das gelingt auch im seelischen Bereich. Hier geht es vor allem darum, dass Sie lernen, sich besser um sich selbst zu kümmern.

Allerdings ist mir durchaus bewusst: Es ist oft leichter Ernährungskonzepte umzusetzen, als sich um den Zustand der eigenen Seele zu kümmern. Denn dies erfordert, dass Sie bereit sind, tiefergehend über sich nachzudenken. Aber wenn Sie dazu entschlossen sind, werden Sie merken, wie schnell sich erste Erfolge einstellen, wenn Sie beispielsweise die Methode der inneren Reise anwenden. Reservieren Sie sich dazu häufiger einige Stunden und nehmen dann einen engen Kontakt mit Ihrem ‚inneren Kind' auf, um deutlicher zu spüren, wie ängstlich und mitunter auch anhänglich Sie manchmal sind.

Versetzen Sie sich dazu einmal in die Zeit, als Sie sechs oder acht Jahre alt waren. Wie ging es Ihnen damals, wie mutig oder ängstlich waren Sie? Spüren Sie dieses Kind heute noch, wenn Sie verzagt sind oder ganz unbekümmert in die Welt schauen? Nehmen Sie einen intensiven Kontakt mit diesem Kind auf. Vielleicht schauen Sie sich alte Fotoalben an, um sich zu erinnern. Das wird Sie seelisch sehr erden, Sie werden sich selbst ganz neu spüren und begreifen. Dann werden Sie den Kontakt mit Ihrem inneren Kind wie selbstverständlich in Ihr tägliches Leben integrieren.

Daraufhin werden Sie diesem inneren Kind das geben, was es in der Kindheit entbehren musste. Und dies wird dazu führen, dass Sie damit beginnen, besser mit sich selbst umzugehen. Das bedeutet konkret: Bei allem was Sie tun, wird es am wichtigsten sein, dass es Ihnen gut geht. Auch wenn Sie sich um andere kümmern, wenn viel Arbeit zu erledigen ist, wenn Ihnen die Termine kaum Zeit lassen einmal durchzuatmen, sollten Sie darauf achten, sich nicht zu überfordern. Wenn Ihnen das gelingt, werden Sie nicht nur sich selbst wieder stärker spüren, sondern Ihr Verlangen wird steigen, andere zu küssen. Denn Küssen gelingt dann, wenn Sie zunächst eine Partnerschaft mit sich selbst eingehen, wenn Sie Ihre positiven Eigenschaften kennen, auf eine gute Selbstfürsorge achten und dafür sorgen, dass der Schwerpunkt des Lebens in Ihnen selbst liegt.

## Übergriffe in der Familie

Die Falldarstellung der Lehrerin zeigt, dass bei vielen Problemen das Schwergewicht der Veränderung in der Gegenwart liegt, nachdem man die Kindheitsmuster verstanden hat. Aber es gibt innere Sperren beim Küssen, die eine regelrechte Blockade darstellen, die dazu führt, dass man so gut wie nie küsst. Dann ist zunächst eine intensive, tiefgründige Aufarbeitung der Kindheit unabdingbar. Denn solche Sperren entstehen vor allem, wenn es in einer Familie ständige Übergriffe gab. Daraufhin entwickelt man Ängste, die nicht nur auf einem geringen Selbstwertgefühl beruhen, sondern der Sicherung unseres Lebens dienen. Deshalb erleben wir Küsse als einen potentiellen Übergriff und ordnen sie emotional als erneuten Eingriff in unsere persönliche Schutzzone ein. Das war der Fall bei einem jungen Mann, der keine Küsse mochte, obgleich er sich nach Liebe sehnte. Er ging durchaus in absoluten Ausnahmefällen auf das Kussverlangen der Frauen ein, wie er es nannte. Aber sobald er selbst daran dachte zu küssen, wurde er von einem Gefühl der Panik überflutet. Wenn es nach ihm gegangen wäre, hätte man das Küssen abschaffen können.

## Die Kraft des Nein

Dies war das Ergebnis einer Familie, in der er sich immer bedrängt fühlte. Seine Mutter war sehr übergriffig, nie klopfte sie an, wenn sie in sein Zimmer kam, ständig wusste sie alles besser, wenn er ihr erzählte, was er in der Schule gelernt hatte. Selbst im Alter von zwölf Jahren legte sie ihm seine Kleidung hin und bestand darauf, ihm den Rücken abzuseifen. Er habe dagegen eine massive Abneigung gehabt und setzte sich schließlich durch. Zunehmend habe es dann in der Pubertät heftige Auseinandersetzungen gegeben, bei denen die Mutter das letzte Wort gehabt habe. Deshalb zog er sich schweigend zurück und achtete peinlichst darauf, dass es genügend Abstand zwischen ihm und anderen Menschen gab. Insofern küsste er nur selten, es ging nie von ihm aus und er geriet immer in einen seelischen Ausnahmezustand, wenn das Küssen ‚in der Luft lag.'

Für ihn war es wichtig zu lernen, sich zu wehren. Er begriff, dass das Nein das kräftigste Wort in seinem Leben war. Insofern konnte er erst Ja zum Küssen sagen, nachdem er es schaffte, sich abzugrenzen. Erst als er fühlte, dass nichts in seinem Leben passieren würde, was er nicht wollte, war er fähig, hingebungsvoll zu küssen.

## Der Onkel

Solche Übergriffe erleben aber vor allem junge Frauen in der Pubertät. Typisch ist der Bericht einer Geschäftsführerin, die sich erinnert: „Mein Onkel, der immer sehr eigensinnig, aber auch lebenslustig war, küsste mich bei einer Einladung und steckte mir die Zunge in den Mund. Ich war damals 13 Jahre alt und erschrak, als er sich an mich presste. Ich wehrte mich, er war stärker und ich ließ es über mich ergehen. Mir war es nicht nur peinlich, ich ekelte mich regelrecht vor seinem feuchten Kuss. Er probierte es immer wieder, bis ich mich entschlossen durchsetzte.

Mit 19 Jahren hatte ich dann keine Schamgefühle mehr, mit einem jungen Mann nackt in den See zu springen und hinterher mit ihm zu schlafen. Aber ich wich dem Küssen aus, das lange mit diesem Erlebnis der Überwältigung verbunden blieb. Erst als ich eine Therapie machte, konnte ich meine Gefühle aufarbeiten, indem ich begriff, wie ohnmächtig ich mich damals gefühlt habe. Doch noch immer ist es für mich nicht normal, von einem Mann geküsst zu werden. Es ist stets mit einer kleinen Schrecksekunde verbunden – erst dann macht es mir Spaß."

## Alternativen

Nun haben wir gesehen, dass die Abneigung gegenüber dem Küssen und vor allem eine innere Sperre sehr belastenden Kindheitserfahrungen entspringt und es wäre hilfreich, diese professionell aufzuarbeiten. Doch nicht jeder wird – vor allem in jungen Jahren – bereit sein, intensiver darüber nachzudenken oder eine Therapie zu machen. Dennoch sind wir gezwungen zu lernen, gut mit unseren Gefühlen umzugehen. Das hat mitunter zu dem Ratschlag geführt, man solle sich nicht unter Druck setzen lassen. Es sei problematisch, das Küssen immer wieder zur schönsten Nebensache der Welt zu erklären. Stattdessen sollten wir Alternativen dafür finden, eine sinnliche Nähe zu Anderen herzustellen.

Eine solche Alternative könnte sein, dass Sie gern schmusen und zärtlich sind. Viele Menschen mögen das sehr, weil sie hier etwas mehr Kontrolle über das Geschehen haben. Es ist eine körperliche Nähe, die nicht den Aspekt der Verschmelzung hat. Und dennoch können diese Zärtlichkeiten so intensiv sein, dass man emotional schwebt und die Welt vergisst. Das ist auch dann der Fall, wenn man sich tief in die Augen schaut oder Händchen haltend durch einen Park läuft. Dadurch entsteht eine emotionale Intimität, die den Zusammenhalt in einer Partnerschaft stärkt.

Wenn Sie schmusen, sich umarmen und Hand in Hand spazieren gehen, werden Sie allerdings bald merken, dass sich doch der zaghafte Impuls zu küssen in Ihnen regt. Dann sollten Sie solche Alternativen als eine Möglichkeit ansehen, neue emotionale Erfahrungen zu sammeln und auf diese Weise mutiger zu werden. So ist die Wahrscheinlichkeit groß, dass das Küssen für Sie ein sinnliches Erlebnis wird.

## Das unwiderstehliche Verlangen zu küssen

Nun sprechen wir normalerweise häufiger von der Kuss-Hemmung. Doch es gibt auch das Gegenteil: Menschen, die immer wieder das unwiderstehliche Verlangen haben, den Anderen zu küssen. Das wird als Basorexie bezeichnet, was so viel wie ‚Hunger nach Küssen‘ bedeutet.

Jetzt könnte man dieses Verlangen zunächst als positiv betrachten, als eine Suche nach Lust und Nähe. Aber die Betreffenden schildern dies eher als ein zwanghaftes Suchen, als wäre das Küssen ein Trieb wie Essen und Trinken. Man geht dann mit einem starken Kuss-Begehren durch die Welt und sucht sich Menschen, mit denen das möglich ist. Normalerweise ist dies umgekehrt, indem wir Menschen treffen, die wir küssen wollen. Doch hier verspüren Frauen oder Männer eine Sucht zu küssen, die sie nicht kontrollieren können. Dahinter steckt meist eine emotionale Unerfülltheit, die von Einsamkeit oder Angst geprägt ist. Das führt zu einem suchtartigen Verhalten, so dass sich der Betreffende erst beruhigt, wenn er küsst. Daher geht es nicht nur um das Vergnügen. Vielmehr entsteht durch das Küssen ein Gefühl von Sicherheit, das die Einsamkeit und Angst zumindest für diesen Moment eindämmt.

## Küssen beim Karneval

Allerdings kommt es darauf an, wie ein Mensch mit diesem Kuss-Verlangen umgeht. In vielen Clubs und Bars wird man immer Menschen finden, mit denen man knutschen kann. Auch der Karneval ist eine wunderbare Gelegenheit, das eigene Kuss-Bedürfnis auszuleben. Denn das ‚Bützen', das Küssen auf die Wange, gehört zum Karneval dazu und oft wird daraus mehr.

Lustvoll wäre es schließlich auch, an einem Massen-Kuss-Event teilzunehmen, wie es auf dem Stadtplatz in Tartu / Estland geplant ist. Inspiriert von dem romantischen ‚Brunnen der küssenden Studenten' in der Mitte des Platzes sollen Tausende angeregt werden, sich intensiv zu küssen. Insofern gilt bei der Basorexie: Entscheidend ist, ob man unter dem Verlangen leidet oder gut damit umgehen kann. Wenn ich jedoch selbst das Gefühl habe, dass mich mein Verhalten stört, wenn meine Lebensqualität durch meine innere Unruhe beeinträchtigt ist, könnte eine Therapie sinnvoll sein.

*Der Kuss ist die anatomische Nebeneinanderstellung*
*von zwei Ringmuskeln im Zustand der Kontraktion.*
*Edward Gibbon*

# Statistik und Kurioses

Wir sind in den bisherigen Kapiteln ausführlich in die Psychologie des Küssens eingestiegen und haben viel über den Zusammenhang zwischen unserer Lebensstimmung und dem Küssen erfahren. Bevor wir dies vertiefen, werde ich Ihnen einige Fakten über das Küssen vermitteln.

o    Wir küssen ungefähr 100.000mal in unserem Leben.

o    Das Küssen ist in Frankreich auf Bahnübergängen verboten, weil man Angst um die Sicherheit hat. Auch im englischen Bahnhof Warrington Bank Quay wurde der Vorplatz zur kussfreien Zone erklärt, weil dort durch lange Abschiedsszenen ständig die Haltebucht zugeparkt war.

o    Ähnlich nachvollziehbar ist das Kussverbot im italienischen Eboli. Weil junge Erwachsene oft lange bei den Eltern wohnen, knutschen sie häufig im Auto, so dass etliche Parkplätze häufig überfüllt waren.

o    In Florida darf man keine Brüste küssen (jedenfalls als Mann nicht – über weibliche Küsse schweigen sich die Quellen aus).

o    Das Ärzteblatt meldet, dass es in Colorado verboten ist, eine schlafende Frau zu küssen.

o Ein thailändisches Ehepaar holte sich mit 58 Stunden den Weltrekord für den längsten Kuss.

o Paare schenken sich durchschnittlich zwei bis drei Küsse pro Tag.

o 67% finden es wichtig, dass der Partner bzw. die Partnerin gut küssen kann.

o 5% aller Menschen haben in ihrem Leben nur eine einzige Person richtig geküsst.

o Für die meisten Menschen dauert ein richtiger Kuss mindestens 11 Sekunden.

o Die Hälfte aller Deutschen hält sich für gute Küsser.

o Wir sind 75 Tage unseres Lebens damit beschäftigt, dass wir uns küssen.

o 28% der Deutschen meinen, ein Kuss könne nicht lange genug dauern.

o Die Hälfte der Deutschen verwendet Kuss-Smileys mindestens einmal in der Woche, 24% sogar täglich.

o Obwohl wir Kussmuffel sind, küssen wir in Deutschland insgesamt an 76 Tagen unseres Lebens. Gelacht wird jedoch nur an 60 Tagen. Vielleicht sollten wir in Liebesbeziehungen mehr lachen und würden dann eine Stimmung erleben, in der wir den anderen gern küssen.

o Männer, die küssten, wenn sie zur Arbeit gingen, verdienen 20% mehr als Männer, die ungeküsst ihre Arbeit beginnen.

*Doch wenn ich küsse Deinen Mund*
*so werd ich ganz und gar gesund.*

Heinrich Heine

# Küssen ist gesund

Küssen ist ein ganzheitlicher Prozess und wirkt sich positiv auf unser gesamtes Leben aus. Es verbessert die Partnerschaft, unsere Lebensstimmung, aber auch unsere Gesundheit. Das Immunsystem wird gestärkt, die Durchblutung gefördert und das Leben verlängert. Wir wollen uns daher mit einigen gesundheitlichen Aspekten des Küssens genauer beschäftigen.

## Der Rausch der Glückshormone

Wenn wir küssen, werden viele physiologische Prozesse ausgelöst, bei denen biochemische Stoffe wie Dopamin, Oxytocin und Serotonin freigesetzt werden. Sie bewirken Glücksgefühle und fördern die Bindung und Zufriedenheit in der Partnerschaft. Das Oxytocin wird sogar als das ‚Liebes- oder Kuschelhormon‘ bezeichnet. Diese Vorteile gelten vor allem für den Fünfsekunden-Kuss, bei dem besonders viel Oxytocin ausgeschüttet wird, so dass ein Gefühl von Verbundenheit und Vertrauen in der Partnerschaft entsteht, – stellt Julia Zwank von der SHR Fernhochschule fest. [17]

## Stressverringerung

Regelmäßiges Küssen führt dazu, dass der Stresspegel sinkt und sich der Cortisolspiegel normalisiert. Insofern ist das Küssen auch medizinisch angebracht.

## Das Immunsystem

Das Küssen stärkt das Immunsystem und wenn wir regelmäßig küssen, leben wir durchschnittlich fünf Jahre länger. Denn innerhalb von 10 Sekunden werden bis zu 80 Millionen Bakterien ausgetauscht, so dass das Immunsystem in einen Ausnahmezustand gerät. Dadurch wird es regelrecht trainiert, jene Killerzellen zu aktivieren, die dafür verantwortlich sind, schädliche Viren und Bakterien zu bekämpfen. Insofern gilt ein Kuss als die schönste Impfung der Welt.

## Die Kuss-Krankheit

Allerdings können durch das Küssen auch Krankheitserreger wie das Herpes Simplex-Virus-Typ 1, das Epstein-Barr-Virus und das menschliche Parvovirus B19 übertragen werden. Küssende Jugendliche und junge Erwachsene erkranken zudem häufiger am Pfeifferschen Drüsenfieber. Insofern gilt: Wir sollten nur küssen, wenn wir gesund sind und auch nicht wahllos jeden Fremden. Das musste die 22jährige Neve McRavey erfahren, nachdem sie in einem Club mit einem fremden Mann knutschte. Kurz darauf wachte sie mit heftigen Halsschmerzen auf und ihr Hausarzt konnte ihr nicht helfen, da Antibiotika nicht anschlugen. Ärzte im Krankenhaus stellten schließlich fest, dass sie unter dem Pfeifferschen Drüsenfieber litt, was auch als Kuss-Krankheit bezeichnet wird. Es handelt sich um eine ansteckende Infektionskrankheit, die sehr häufig ist und bei einem geschwächten Immunsystem zu einem schweren Verlauf führen kann. Erst nach fast einem Monat konnte sie wieder das Bett verlassen. [18]

## Die Vorteile überwiegen

Nun weiß man schon seit einigen Jahrtausenden, dass das Küssen mitunter gefährlich ist. So lassen medizinische Texte aus Mesopotamien schon 2500 vor Christus den Schluss zu, dass der Herpes-Virus durch das Küssen übertragen wurde. Und dies fand später der römische Kaiser Tiberius so ekelhaft, dass er das Küssen bei öffentlichen Veranstaltungen verbot. Aber man küsste weiter und das ist grundsätzlich sinnvoll. Denn Küssen macht nicht nur Spaß, sondern die Vorteile für die Gesundheit überwiegen bei weitem. Insofern kommt Tillmann Krüger von der Medizinischen Hochschule Hannover zu der Einschätzung: „Es ist gut, dass der Organismus sich mit fremden Keimen auseinandersetzt. Das Küssen an sich hat ähnlich wie soziale Beziehungen, wie körperliche Nähe, ein großes Potenzial, psychische und körperliche Gesundheit zu fördern." [19]

Dies sind hinsichtlich der Gesundheit die Auswirkungen des Küssens:

Mundhöhle und Zahnbelag: Schon der Gedanke ans Küssen erhöht den Speichelfluss und löst schädlichen Zahnbelag.

Weniger Unfälle: Wer sich beim Abschied geküsst hat, fährt weniger aggressiv und verursacht seltener Unfälle.

Herz-Kreislauf-Training: Wenn wir küssen, sind 100 Milliarden Nervenzellen angeregt, unser Herz schlägt schneller, so dass das Herz-Kreislauf-System trainiert wird. Und schließlich normalisiert sich auch der Blutdruck.

Durchblutung: Indem das Adrenalin unseren Herzschlag beschleunigt und unsere Atmung verstärkt, weiten sich auch unsere Blutgefäße. Dies führt zu einer besseren Durchblutung. Unsere Organe, die Gelenke und Muskulatur werden mit ausreichend Sauerstoff und Nährstoffen versorgt, wodurch sich Verspannungen lösen und das Wohlbefinden steigt.

Küssen verbraucht Kalorien: Außerdem verbraucht man bei einem langsamen, unangestrengten Kuss 6,4 Kalorien pro Minute, aber bei einem leidenschaftlichen Kuss können es auch 20 Kalorien pro Minute sein. Wenn wir also sehr intensiv küssen, entspricht dies den Kalorien von zwei bis drei Gummibärchen.

Die Hautstraffung: Doch regelmäßiges Küssen ist auch gut für die Haut, da bis zu 38 Gesichtsmuskel trainiert werden. Auf diese Weise wird Ihre Durchblutung enorm gestärkt. Das wirkt Falten entgegen, da die Haut gestrafft wird und jünger aussieht.

Verspannungen reduzieren: Außerdem lösen sich durch das Küssen die Verspannungen in der Kiefermuskulatur und es soll sich zudem auch die Muskulatur im Beckenbereich entspannen.

Depressionen: Es wird vermutet, dass regelmäßiges Küssen sogar depressiven Erkrankungen vorbeugt. Einige Studien zeigen daher, dass das Küssen ein Teil eines Therapiekonzepts sein könnte. Allerdings ist unklar, wie das konkret umgesetzt werden soll. Es wird ja kaum möglich sein, dass man das Küssen auf Krankenschein verordnet. Oder können Sie sich vorstellen, dass es in einer Klinik Gruppen gibt, bei denen die Patienten lustvoll küssen? Vielleicht könnte man dort auch jene Kuss-Puppe einsetzen, wie sie in dem Loriot-Film ‚Eheberatung' zu sehen ist. Das klingt zwar komisch, wäre immer noch besser als die Rauchergruppen, die man in fast allen Kliniken findet.

Allergien mildern: Küssen verringert die allergischen Reaktionen. Das ergab eine Studie des Allergologen Hajime Kimatan. Nachdem er Japaner untersuchte, die auf Hausstaubmilben und japanische Zedernpollen allergisch waren, stellte er fest: Wenn sie 30 Minuten küssten, wurden die allergischen Reaktionen erheblich geringer. [20]

Selbstwertgefühl: Küssen kann unsere Selbstachtung verbessern, weil es eine enorme Bestätigung darstellt. Wir spüren, dass wir küssenswert sind und das hebt unser Selbstwertgefühl erheblich. [21]

.

*Die Welt wäre besser,*
*wenn wir uns mehr küssen würden.*

# Der Verlust des Küssens

Wir haben gesehen, wie wichtig das Küssen ist, das manche Menschen jedoch lebenslang meiden. Aber viel häufiger ist es, dass wir durchaus das Küssen lieben und uns erst im Laufe einer Beziehung von dieser schönsten Nebensache der Welt zurückziehen. Denn wenn Sie länger als drei Jahre zusammen sind, besteht eine große Wahrscheinlichkeit, dass sich inzwischen das Küssen verändert hat. Im Allgemeinen werden dann die Küsse immer kürzer und emotional flacher und der Umgang der Partner wirkt fast geschwisterlich.

Zwar sind langjährige Paare durchaus erotisch aktiv und insofern haben bei einer Umfrage 80% von ihnen angegeben, sie würden sich regelmäßig küssen. Aber es sind andere Küsse. Denn die mehr als 5sekündigen Lippenküsse lassen nach. Wir küssen also sachlicher, die Leidenschaft geht zurück, die gesamte Beziehung bekommt mitunter den Charme eines Großraumbüros. Dann dominiert vor allem der Wangenkuss oder der flüchtige Kuss auf den Mund. Die Küsse werden so zu einem Willkommens- und Abschiedsritual, aber sie enthalten kaum noch eine von Sehnsucht geprägte Liebesbotschaft.

## Die emotionale Verflachung

Ich möchte mich daher ausführlich mit dem Rückgang des Küssens beschäftigen. Eine solche Analyse ist wichtig, denn in den meisten Beziehungen ist das Küssen zumindest am Anfang leidenschaftlich und verflacht dann doch zu einer Routinehandlung. Der Partner bekommt noch einen Kuss auf die Wange, wenn er ins Büro fährt. Sie küsst ihn kurz, bevor sie ihre Arbeitsstelle aufsucht. Vorbei sind die Zeiten, in denen man sich lange und intensiv küsste und die Welt vergaß. Immerhin 26 % der Paare sagten daher in einer Umfrage, dass sie sich nur noch zur Begrüßung und zum Abschied küssen würden. [22] Das betrifft verstärkt Paare zwischen 35 und 45 Jahren, wenn sie Kinder haben, arbeiten gehen, sich um ihre Karriere kümmern und dann möglicherweise sogar ein Haus bauen.

## Kussbremse 1: Der Stress

Die täglichen Belastungen führen unweigerlich zu einem Dauerstress und dämpfen unser Verlangen zu küssen. Das ist tragisch, denn das Küssen wäre eine der lustvollsten Möglichkeiten, Sorgen zu vergessen und den Stress zu überwinden. Allerdings kann ein massiver Stress auch dazu führen, dass man die Lust am Küssen, an einer intensiven Begegnung innerhalb der Partnerschaft vollständig verliert. Küssen setzt also voraus, dass wir uns um uns selbst kümmern, dass wir darauf achten, Situationen einer ständigen Überforderung zu überwinden. Insofern verlangt das Küssen eine gute Achtsamkeit und das bedeutet konkret, dass wir uns entschleunigen und unsere inneren Wurzeln finden.

## Kussbremse 2: Mangelnde Zeit

Dann setzt eine gute Kussatmosphäre aber auch voraus, dass man sich genügend Zeit für die Partnerschaft, für Gespräche, gemeinsame Unternehmungen und auch das Küssen nimmt. Oft fehlen diese entspannten Stunden und es kommt zu einer Entfremdung in der Partnerschaft. Erst im Urlaub finden diese Paare wieder die Zeit, sich zu küssen. Jedes zweite Paar in den Dreißigern küsst dann zwischen Strand und Cocktailbar mehr als zuhause.

## Die Zeitinseln

Hier sehen wir, dass wir in einer Partnerschaft auch die Umstände herstellen müssen, damit das Küssen gelingt. Gerade junge Eltern mit Kindern sollten immer wieder Zeitinseln der Liebe anstreben, in denen sie miteinander reden, schmusen, sich küssen. Gut wäre es, wenn sie mindestens alle 14 Tage Zeit haben, sich wieder als Paar zu begegnen, indem sich Freunde, Großeltern oder Babysitter um die Kinder kümmern. Das ist die Basis für das Gelingen der Küsse und natürlich auch der Partnerschaft. Wenn wir das in den ersten Jahren vergessen, setzen wir die Liebe aufs Spiel. Wir denken dann sehr an die Kinder, denen es recht gut geht, aber den Eltern geht es schlecht. Sie sind abends erschöpft, haben kaum Zeiten, in denen sie miteinander kuscheln können, küssen oder wieder einmal Sex haben. Deshalb sind Kinder der wichtigste Trennungsgrund für junge Paare.

# Fragen

Haben Sie selbst Kinder? Wie haben Sie das Zusammenleben in den ersten beiden Jahren erlebt? Gab es noch erotische Situationen, in denen Sie sich geküsst haben oder blieb dies angesichts der vielen Aufgaben auf der Strecke? Welche Auswirkungen hatte dies? Und interessant wäre: Sieht dies Ihr Partner, Ihre Partnerin ähnlich? Besonders junge Mütter bewerten dies häufig anders als Väter, weil sie sich durch den engen Körperkontakt und vor allem durch das Stillen in einem Zustand des ständigen Gebens befinden, so dass sie manchmal den Wunsch verspüren, in Ruhe gelassen zu werden. Männer sind demgegenüber bedürftiger und leiden unter diesem Kussmangel.

## Kussbremse 3: Die fehlende Verbundenheit

Allerdings werden Sie jetzt vielleicht einwenden, dass es Kussdefizite auch bei kinderlosen Paaren gibt, die wenig Stress haben und viel Zeit miteinander verbringen. Auch sie sind häufig ,Kussmuffel', wenn die innere Verbundenheit zum anderen fehlt. Schließlich küssen wir nur dann gern, wenn wir uns zum anderen hingezogen fühlen. Doch ständige Kränkungen und Enttäuschungen führen leicht zu einem Rückzug, der dazu dient, sich vor dem Anderen zu schützen. Diese Schutzzone lässt es durchaus zu, dass wir miteinander Urlaub machen, spazieren gehen, eine Wohnung renovieren oder Sex haben. Aber zumindest das erotische Küssen wird dann weitgehend eingestellt. Und das führt in Deutschland bei Paaren, die bereits einige Jahre zusammen sind, zu einem chronischen Kussdefizit.

Zwar ergab eine Umfrage von ElitePartner, dass sich die Hälfte der Paare mehrfach am Tag küsst. Doch die anderen 50% sind Kussmuffel. Sie küssen sich nur einmal am Tag oder seltener. Insofern verwundert es nicht, dass Deutschland nach Schweden auf dem vorletzten Platz der Kusshäufigkeit in Europa liegt. [23] Franzosen und Italiener küssen fast doppelt so viel wie wir.

Diese Zahlen geben zu denken, obgleich sie das Kussgeschehen nur unvollkommen beschreiben können. Denn die Quantität ist problematisch, aber bedenklich ist vor allem, dass die Qualität nachlässt. Dieser Qualitätsverlust ist für uns aber nur dann greifbar, wenn wir uns einmal an die Zeit erinnern, als wir uns in der Partnerschaft lange und intensiv geküsst haben. Als wir uns umarmten und in einem langen, intensiven Kuss versanken. Diesen Kuss spürten wir noch nach Tagen, denn er wirkte wie eine erotische Droge.

## Die Kussproblematik

Leider gewöhnt man sich zu leicht an den langsamen Niedergang des Küssens. So ist es zu erklären, dass sich in Deutschland viele Paare nur noch zu bestimmten Anlässen küssen und manche am liebsten gar nicht. Allerdings besteht die eigentliche Kussproblematik in langen Ehen vor allem darin, dass man sich kürzer und flüchtiger küsst. Der intensive leidenschaftliche Kuss lässt häufig nach und ich bin überzeugt, dass es für jede Partnerschaft ein Jungbrunnen der Liebe wäre, wenn man sich wieder bewusst und hingebungsvoll küssen würde.

# Das Frühwarnsignal

Um den Niedergang des Küssens zu vermeiden ist es zunächst wichtig, dass wir die Frühwarnsignale registrieren. Wir sollten hellhörig werden, wenn das erotische Küssen vollständig eingestellt wird, denn dies ist immer ein Zeichen dafür, dass wir uns vom Anderen zurückziehen. Wir verbringen dann durchaus den Alltag miteinander, es gibt gelegentlich sogar Zärtlichkeiten und man schläft miteinander. Doch man stellt das leidenschaftliche Küssen ein, weil dies die intimste Form der Annäherung ist. Dies können wir allerdings oft nicht nachvollziehen, da es sich hier um einen schleichenden Prozess handelt, der gleichsam unbemerkt passiert. Wir achten eher auf jene Ereignisse, die unsere Aufmerksamkeit binden. Das sind große Konflikte, Enttäuschungen oder die Momente der Liebe. Aber wir registrieren es kaum, wenn etwas allmählich nicht mehr passiert, wenn ein Ritual eingestellt wird.

## Der Rückzug

Sobald Sie sich allerdings etwas Zeit nehmen und nachdenken, können Sie sich durchaus daran erinnern, dass Sie sich oft gekränkt fühlten und enttäuscht waren und dann wird Ihnen klar, dass Sie darauf mit einem Rückzug reagiert haben, den Sie kaum noch spüren. Denn Sie gewöhnen sich bald daran, dass Sie dem Anderen sehr persönliche Dinge nicht mehr erzählen und dass Sie ihn nicht mehr küssen. Schließlich setzt das Küssen eine Stimmung der Vertrautheit voraus, die längst verloren gegangen ist. So wie eine Tomatenpflanze zum Wachstum auf

Sonne, Wasser und Dünger angewiesen ist, gedeihen Küsse nur in einer Stimmung des gegenseitigen Hingezogenseins.

## Der Zusammenhalt geht verloren

Doch die Sehnsucht aufeinander geht schnell verloren, denn leider passen wir uns leicht an das resignative Miteinander an, in dem man sich kaum noch küsst. Meine Großmutter meinte sogar einmal, das Küssen sei nicht so wichtig. Für sie war es entscheidend, dass ihr Mann das Geld nach Hause brachte, sich nicht betrank und sie nicht schlug. Allerdings ist eine solche Einstellung verhängnisvoll. Schließlich vermitteln uns leidenschaftliche Küsse in der Partnerschaft ein Gefühl der Verbundenheit und daher spüren wir diese Küsse noch nach Stunden und Tagen. Wir haben mit jedem Kuss die Nähe zum anderen körperlich verinnerlicht. Und diese emotionale Bindung geht verloren. Man geht noch zusammen einkaufen, verreist gemeinsam und lädt die Schwiegereltern ein. Aber das tiefe Gefühl der Gemeinsamkeit ist auf der Strecke geblieben, indem das Liebes-Signal des Küssens nicht mehr erlebt wird.

## Das Kussprotokoll

Offenbar ist es wichtig, dass wir uns für jene Entwicklungen sensibilisieren, die zu einer Entfremdung in der Ehe führen. Meist sind es Kränkungen und Enttäuschungen, über die wir nur ansatzweise reden. Denn wir schämen uns fast, dem anderen einzugestehen, wie sehr er uns verletzt hat, weil dies auch ein Hinweis darauf ist, welchen Einfluss er auf uns hat. Deshalb werde ich Ihnen jetzt einen tiefen Einblick in die Dynamik von

Liebesbeziehungen geben. Ich möchte Ihnen zeigen, wann Nähe entsteht und warum sich Paare zurückziehen. Daher werde ich Ihnen ein wunderbares Beispiel schildern.

Eine 56jährige Psychologin war enttäuscht von ihrem Mann, von dem sie sich immer wieder im Stich gelassen fühlte und zog sich schließlich zurück. In diesem Rückzug stellte sie dann auch das Küssen vollständig ein, während der Sex durchaus gelegentlich praktiziert wurde. Das wird deutlich in einem Kussprotokoll, das mir die Patientin übergab.

## Das Kuss-Spiel

„Ich küsste meinen späteren Mann gern, oft umarmte er mich bei vielen Gelegenheiten und es begann ein Kuss-Spiel. Erst langsam, dann schneller, immer war es überraschend. Ich fand es manchmal frech, wie er mit seiner Zunge meinen Mund erkundete, um sich bald wieder zurückzuhalten, seine Lippen berührten meine Lippen zart, bis er immer leidenschaftlicher küsste. Ich vergaß die Zeit und ich liebte ihn in solchen Momenten auch deshalb, weil es keine Vorbereitung für den Sex war. Vielmehr war es ein ganz besonderes, eigenes Vergnügen, für das wir uns immer Zeit nahmen.

Doch dann bekamen wir zwei Kinder und das Küssen wurde weniger. Das Leben mit den Kindern war anstrengend, ich war oft überfordert, mein Mann war gereizt, er fühlte sich vernachlässigt, manche Konflikte entgleisten. Als ich mich einmal beschwerte, dass er zu wenig im Haushalt half und sich zu selten um die Kinder kümmerte, sagte er mir: Er müsse arbeiten, um

Geld zu verdienen und wir hätten diesbezüglich eine unterschiedliche Einstellung. Er würde das Geld ranschaffen, ich würde es ausgeben. Diese Aussage hat mich unendlich gekränkt.

Ich habe ihm das nie gesagt, aber ich habe mich zurückgezogen. Zwar behielten wir immer ein Kussritual bei, bei dem er mich zum Abschied auf die Wange küsste. Doch das richtige Küssen hörte auf. Dabei war es merkwürdig, dass wir durchaus miteinander schliefen. Allerdings wurde der Sex zunehmend weniger zärtlich, vielleicht sogar animalischer. Beim Sex konnte ich mich hingeben, da war er weit genug weg. Das leidenschaftliche Küssen war mir jedoch zu intim."

## Die Beziehung dünnte aus

Die meisten Kussprotokolle, die ich erhielt, wurden von Frauen verfasst, die sehr einfühlsam und differenziert die persönliche Geschichte ihres Küssens in der jeweiligen Partnerschaft beschrieben. Sie machten deutlich, warum sie den Rückzug in der Beziehung als notwendig erachteten, wieviel sie aber gleichzeitig durch den Verlust des Küssens verloren. Eine Schriftstellerin schrieb mir: „Es gab ständig ein Auf und Ab in meiner Beziehung. Es gab gelegentlich Höhepunkte, leidenschaftliche Momente, das große Gefühl der Liebe blitzte wieder auf. Aber nach mehreren Jahren legte ich innerlich den Schalter um. Es war, als würde eine Stimme in mir verkünden: Es ist genug. Genug an Kränkungen, an Enttäuschungen, am vergeblichen Warten, wenn mir mein Mann wieder etwas versprach und nicht hielt. Es war wie ein bilanzierender Entschluss, dass ich mir sagte: Ich will das nicht mehr. Insofern war klar, dass mir das richtig romantische Küssen nicht mehr gefiel. Wenn mein Mann mir auf den Mund küssen wollte, drehte ich den Kopf weg und er gewöhnte sich dran, wir haben nie darüber gesprochen. Aber ich merkte irgendwann nach Monaten, dass dies die Beziehung ausdünnte. Wir redeten zwar noch miteinander: Über den Einkauf, das Wetter, auch über unsere jeweiligen Tagesprojekte.

Allerdings sprachen wir selten über uns, irgendwie hat sich die Distanz zementiert. Es war so, als ob die Treppe im Turm nach oben fehlte, wir hatten plötzlich keine Aussicht mehr, keinen emotionalen Schwung, obgleich alle, die uns kannten, damals sagten, wir seien ein gutes Paar. Und auch wir dachten das manchmal, denn es gab durchaus ganz guten Sex. Er war nicht mehr so zärtlich wie früher, eher deftig, das Vorspiel war sehr kurz, danach drehte sich mein Mann immer um. Aber es war Sex, immerhin. Doch das Küssen wurde immer weniger. Schließlich blieb nur noch das Küssen auf die Wange."

## Küssen und Sex

Wir sehen hier noch einmal sehr deutlich, was wir gleichsam opfern, wenn wir nicht mehr küssen. Das kann auch nicht durch einen guten Sex ersetzt werden. Denn Sexualität beinhaltet nicht unbedingt ein Gefühl großer Nähe. Schließlich kann Sex mechanisch ablaufen, man kann den Anderen zum Objekt machen und wir können viel besser als beim Küssen Aggressionen ausleben. Männer reden davon, dass sie Frauen durchgeigen, semmeln, man besorgt es ihr. Zwar kann auch das Küssen deftig sein, wir können knabbern und beissen. Aber das ist weit entfernt vom ‚Ficken', mit dem sich oftmals Männer brüsten, wenn sie vom Sex reden. Doch es gibt auch Männer, die beim Sex ebenso zärtlich sind wie beim küssen und dann sehr bewusst wahrnehmen, wie sich das Gespräch der Lippen im Laufe einer Beziehung verändert. Nach ausführlichen Interviews erstellte ich folgendes Kussprotokoll eines Mannes:

## Ich wollte nicht mehr

Zu mir kommt ein 36jähriger Mann, der seit drei Jahren verheiratet ist. Er mag seine Frau, aber das Küssen sei schwierig geworden. Er meinte: „Es ist so, als ob ich die Tür von innen zugemacht habe. Meine Frau ist sehr aktiv, auch sehr attraktiv, doch sie weiß immer alles besser, sie korrigiert mich gern und gleichzeitig ist sie mitunter reserviert. Kaum Zärtlichkeiten, kaum Sex. Ich fühle mich so, als würde ich mit einer älteren Schwester zusammen leben. Irgendwie passte das Küssen nicht mehr. Ich habe das allerdings immer sehr bedauert, denn ich küsse gern. Aber in dieser Beziehung habe ich mich so zurückgezogen, dass das Küssen verloren gegangen ist.

Ich habe das jedoch kürzlich bei einem Spaziergang mit meiner Frau angesprochen. Und wir haben begonnen, uns wieder zu küssen. Ich bin gespannt. Vielleicht könnte es klappen, weil wir uns insgesamt gut verstehen. Manchmal bekomme ich sogar Anerkennung von meiner Frau, irgendwie geben wir uns beide Mühe, mehr Nähe herzustellen."

## Das Küssen verbessern

Offenbar lässt sich unser Verlangen nach Küssen steigern, wenn wieder ein Gefühl der Nähe entsteht. Denn intime Küsse sind immer Ausdruck einer Sehnsucht nach Innigkeit. Deshalb müssen wir jene Entfremdung aufheben, die im Laufe der Jahre entstanden ist.

Und diese Entfremdung haben wir erst wirklich verstanden, wenn wir sie mit einer graphischen Kurve darstellen können. Das ist möglich, weil wir das Verhalten des Anderen jeden Tag mit Plus- und Minuspunkten bewerten. Das ist die innere Bilanzierung, die wir alle vornehmen. Allerdings spüren wir diese nicht, solange sich die Liebesbeziehung im Plusbereich befindet. Doch sobald sie für längere Zeit in den Minusbereich rutscht, ziehen wir uns zurück.

## Die Ambivalenzfähigkeit

Das hängt vor allem damit zusammen, dass unsere Ambivalenzfähigkeit sinkt. Das ist unsere Fähigkeit, gut mit der Tatsache umzugehen, dass der Partner sowohl über positive als auch negative Eigenschaften verfügt. Dann tolerieren wir, dass wir uns über den Anderen mitunter ärgern und enttäuscht sind, da wir ihn grundsätzlich als Bereicherung empfinden. Daher legen wir es innerlich nicht auf die Goldwaage, dass er manchmal zu spät kommt, schnarcht oder viel redet. Denn die Pluspunkte machen immer wieder alles wett. Doch wir werden regelrecht zu Erbsenzählern, sobald die Minuspunkte überwiegen. Dann küssen wir nicht mehr gern, weil wir eine innere

Abneigung gegen den Partner aufgebaut haben. Manchmal überlegen wir sogar, wie es wäre, mit einem Anderen zusammen zu sein. Wir trennen uns zwar nicht, gehen auch nicht fremd, aber wir empfinden eine nicht zu überbrückende Distanz.

## Entfremdung Stufe 1

Deshalb setzt die Kunst des Küssens voraus, dass wir unsere Liebesbeziehung immer wieder verbessern. Am leichtesten und schnellsten ist dies möglich, wenn Sie den Partner, die Partnerin fragen: ‚Was kann ich tun, damit es Dir mit mir zusammen gut geht?' Normalerweise neigen wir eher dazu, dem Partner zu vermitteln, was er tun soll. Doch weshalb soll er auf uns eingehen, wenn er sich bereits in seinen seelischen Schützengraben zurückgezogen hat und davon überzeugt ist, dass Sie ihm nicht das geben, was er haben möchte? Dann ist es erfolgreicher, wenn wir ihm ein Angebot machen, von dem er profitiert.

Allerdings höre ich vor allem von Frauen: „Warum soll ich auf ihn zugehen, wo er mich doch seit Jahren ignoriert?!" Ich antworte darauf: „Es sollte immer derjenige auf den Anderen zugehen, der mehr an einer Entwicklung interessiert ist und über eine höhere soziale Kompetenz verfügt. Das sind meist die Frauen in der Beziehung." Sie können sich zudem sicher sein, dass dann auch die Männer darüber nachdenken, wie sie die Beziehung verbessern können. Diese Übung hilft aber nur, wenn die Beziehung halbwegs intakt ist.

# Die Olive im Teigmantel

Bei einer größeren Entfremdung ist es jedoch unbedingt notwendig, dass jeder über seine Vorbehalte spricht und dem Partner die Gelegenheit gibt, sie auszuräumen. Allerdings möchte ich zur Vorsicht mahnen: Sagen Sie dem Partner nicht, was Sie alles stört. Wenn Sie ihm die ganze Liste der Minuspunkte offenbaren, wird er entweder gekränkt sein oder er ist so betroffen, dass er sich zunächst einmal zurückziehen muss, um Ihre Kritik zu verarbeiten. Das Küssen bleibt dann weiterhin auf der Strecke. Insofern ist es sinnvoll, wenn man seine Kritik so einpackt wie eine Olive im Teigmantel. Man sagt ihm also, was einem gefällt und erwähnt schließlich die kritischen Gedanken, um mit dem Wunsch zu enden, dass man wieder an jene Zeiten anknüpfen kann, in denen man so verliebt war.

## Entfremdung Stufe 2: Die drei Gefährdungen

Doch diese Verbesserung der Partnerschaft ist schwierig, wenn es eine massive Entfremdung gibt. Dann helfen keine leicht zu verwirklichenden Ratschläge. Das ist der Fall, wenn die drei ‚Gefährdungen der Liebe' beteiligt sind. Mit diesen Gefährdungen sollten Sie sich beschäftigen, sonst wäre eine wirkliche Verbesserung des Küssens nicht möglich.

Abwertung: Liebe kann nur gelingen, wenn man respektvoll miteinander umgeht und den Anderen nicht ständig kritisiert. Das bedeutet vor allem, dass wir das Besondere im Anderen sehen und ihm das immer wieder vermitteln. Schließlich wünschen wir uns in der Liebe vor allem Anerkennung und hoffen darauf, dass der Partner, die Partnerin unsere positiven Eigenschaften erkennt. Und dies erwarten wir selbst dann, wenn manches in einer Beziehung nicht ganz reibungslos läuft. Denn die Anerkennung ist keine Erfolgsprämie, die wir uns verdienen müssen, sondern sie sollte eine Grundstimmung in einer Partnerschaft sein. Insofern kann ich Ihnen nur die Empfehlung vermitteln, dass Sie verschwenderisch mit der Anerkennung umgehen sollten. Dies bedeutet konkret: Sie sollten sich überlegen, wieviel Anerkennung Ihr Partner/in verdient hat. Wenn Sie dann diesen Faktor des Lobens verdoppeln, dürfte diese Anerkennung für ihn/sie halbwegs ausreichend sein.

Dominanz: Ein Kernproblem von Partnerschaften hängt häufig damit zusammen, dass einer ständig bestimmt oder aber gekränkt reagiert, wenn er sich nicht durchsetzen kann. Eine gute Partnerschaft besteht jedoch immer in der Fähigkeit zum Kompromiss, zu einer guten Einigung. Man könnte auch sagen: Partnerschaft gelingt, wenn sie demokratisch ist.

Enge und Unsicherheit: Ich bin in einer guten Partnerschaft auf zwei ganz unterschiedliche Eigenschaften angewiesen: Es sollten ausreichend Freiräume vorhanden sein, weil mir sonst die Luft zum Atmen fehlt, so dass man nicht genügend Sehnsucht entfalten kann. Doch gleichzeitig bedarf die Liebe einer großen Beständigkeit und Sicherheit. Ich muss spüren, dass dieser Partner mit mir die Zukunft gestalten will und sich darum bemüht, eventuelle Schwierigkeiten und Konflikte zu überwinden.

# Wenn man lange nicht geküsst hat

Wenn Sie diese drei Gefährdungen der Liebe ausräumen, haben Sie eine gute Basis, damit sich wieder jene Sehnsucht entwickeln kann, die zu einer guten Kuss-Atmosphäre beiträgt. Allerdings müssen wir beachten: Wenn wir lange nicht geküsst haben, ist es wichtig, die entstandenen emotionalen Barrieren zu überwinden. Es ist gleichsam so als ob ein Wasserhahn, den man lange nicht benutzt hat, eingerostet ist. Dann ist es sinnvoll, dass Sie sich regelrecht vornehmen, sich wieder zu küssen. Das ist am Anfang zwar immer mit einer gewissen Unsicherheit verbunden, aber Sie werden bald spüren, dass das Küssen zunehmend wieder zu einer ganz aufregenden, neuen Begegnung wird.

*Küsse sind Fremdgehen,*
*wenn man den anderen*
*nicht vergessen kann.*

# Ist jeder Kuss ein Fremdgehen?

Da der Kuss für eine Partnerschaft so wichtig ist, stellt sich allerdings eine Frage: Was hat es zu bedeuten, wenn wir andere Menschen intensiv küssen? Ist das dann ein Seitensprung? Sicher sind wir uns einig, dass ein Küsschen links, Küsschen rechts unter Freunden harmlos ist. Doch das Küssen auf den Mund wurde in einer Umfrage von jedem Zweiten als problematisch angesehen. Flirten ist noch erlaubt, während die Mehrheit der Befragten das Küssen als Fremdgehen ansah. Es ist jedoch nicht jeder dieser Meinung. Jeder vierte ist überzeugt, das Fremdgehen setze voraus, dass Sex im Spiel ist. [24]

Offenbar hat jeder von uns andere Maßstäbe. Während die einen durchaus ein gelegentliches Knutschen tolerieren, sind andere bereits eifersüchtig und stellen die Beziehung infrage. Einig war allerdings die Mehrheit darin, dass die rote Linie dann überschritten ist, wenn man miteinander ins Bett geht. Meine Studien zeigen jedoch, dass es in einer Beziehung nicht unbedingt darauf ankommt, ob man miteinander schläft. Es reicht schon aus, dass wir es anstreben und kommunizieren. Nun bin ich immer dagegen, dass wir zu enge Normen aufstellen und eine Moralkeule schwingen. Die Gedanken sind frei – heißt es in einem Volkslied und wir sollten gelegentliche Phantasien nicht überbewerten. Aber ein Flirten ist ein wechselseitiges Spiel mit Worten und Phantasien, das eine Grenzverletzung darstellt, weil man Anspielungen macht und dennoch so tut, als wäre nichts Entscheidendes passiert. Allerdings denken beide daran, dass man gern mit ihr/ihm eine erotische Nacht verbringen würde. Dieser freche Gedanke lässt uns strahlen und der Andere bemerkt unseren verwegenen Blick. Fast unweigerlich führt dies zu einer Intensivierung der Küsse, so dass ein weiteres Kapitel im Roman der Erotik aufgeschlagen wird.

## Die rote Linie

Jedenfalls ist die Flirt-Dynamik entscheidend, so dass bereits eine erotische Kommunikation über Whatsapp, die mit einem Kuss-Smiley verziert ist, eine rote Linie überschreiten kann. Letztlich lässt auch die Mitteilung: ‚Ich kann es kaum erwarten, Dich zu sehen' nicht auf eine freundschaftliche Bindung schließen. Fast zwangsläufig wird dann beim nächsten Treffen geküsst, man schaut sich tief in die Augen und das Spiel der Erotik beginnt. So sah es auch eine Sportlehrerin, die mir sagte: „Das Erotischste, Spannendste ist oft das Flirten, kurz bevor man miteinander ins Bett geht. Es ist eine Spannung, die sich daraus ergibt, dass jeder austestet, ob er den anderen erobern kann. Wenn das klar ist, wenn die Hüllen fallen, ist eigentlich das Wichtigste passiert, dann ist der Höhepunkt schon vorbei."

## Wie sieht es der Partner

Offenbar kann das Flirten, können erste Küsse eine sehr erotische Botschaft sein. Deshalb ist zumindest 73% der Frauen klar, dass hier das Fremdgehen beginnt. Doch 50% der Männer sehen dies nicht so – zeigt eine aktuelle Umfrage. [25] Da viele Männer dem Küssen keine so große Bedeutung beimessen, sind sie eher der Meinung, es sei noch nichts passiert. „Man hat sich ja noch nicht nackig gemacht" – meinte ein Interviewpartner. Aber auch er wusste, dass seine Partnerin eifersüchtig sein würde, wenn sie diese Knutscherei beobachten könnte. Deshalb müsste man sich immer die Frage stellen: Wie würde mein Partner, meine Partnerin reagieren? Insofern ist die Umfrage unter 'Ashley Madison'-Mitgliedern interessant: Sie ergab, dass 77% glauben, dass dies für den Partner, die Partnerin schon ein Seitensprung wäre, obwohl 57% einen Kuss selbst nicht als Seitensprung ansehen würden. [26]

## Wenn der Partner küsst

Unsere Einschätzung gegenüber dem Fremdküssen ist zudem von einer interessanten Doppelmoral geprägt, denn wir urteilen mit zweierlei Maß. Wenn man selbst intensiver küsst, finden das viele durchaus akzeptabel, aber beim Partner ist man erheblich strenger und ist der Ansicht, dies sei ein Fremdgehen. Wobei sich natürlich die Frage ergibt: Soll man ein solches Fremdküssen beichten? Ich rate davon ab, weil dann im Allgemeinen der Partner sehr gekränkt ist und eifersüchtig reagiert. Günstiger scheint mir zu sein, dass man an der Verbesserung der Beziehung arbeitet, wenn man der Ansicht ist, dass eine zunehmende Entfremdung das Fremdküssen begünstigt hat.

# Fragen

Wie schlimm wäre es für Sie, wenn Ihr/e Partner/in einen Anderen küsst? Wäre es eine Entschuldigung, wenn er oder sie dabei beschwipst ist? Könnten Sie es tolerieren, wenn es an Silvester oder beim Karneval passiert?

## Die Nebenbeziehung

Nun werden Sie sich vielleicht eine Frage stellen: Sollte man bei einem Kuss des Partners / der Partnerin tolerant sein? Doch oft gelingt dies nicht, denn wir spüren, dass ein solcher Kuss häufig eine lange Vorgeschichte hat. Sie fängt mit Gesprächen und intensiven Blicken an und bald beginnt ein erotisches Schwingen, eine emotionale Annäherung, bei der tiefe Gefühle entstehen.

Schließlich baut sich Sehnsucht auf und die Küsse sind das fast zwangsläufige Ergebnis dieser aufregenden Entwicklung. Und wenn dann geküsst wird, ist dies kein einmaliger Ausrutscher, keine zufällige Rumknutscherei. Es ist vielmehr immer wieder eine Entscheidung, dass man aus diesem erotischen Prozess nicht aussteigt, sondern weiter macht. Insofern wiegt es schwer, dass man das gemeinsame Gespräch in der Partnerschaft erst dann sucht, wenn die Leidenschaften bereits gefährlich lodern. Denn spätestens hier wird klar: Es war viel mehr als ein Lusterlebnis, schließlich hat sich hier eine ernsthafte Neben-Beziehung aufgebaut, die immer das Vertrauen in der Partnerschaft beschädigt.

## Die Bedeutung des Vertrauens

Ich beschäftige mich seit vielen Jahren mit dem Thema Treue und bin überzeugt, dass wir mit dem Vertrauen in einer Partnerschaft sehr sorgsam umgehen sollten. Denn hierbei handelt es sich um eines der wichtigsten Fundamente einer Partnerschaft und es ist schwer, dem Partner zu verzeihen und wieder zu vertrauen, wenn er ein erotisches Abenteuer gesucht hat. Insofern ist für mich das Fremdküssen so problematisch. Dabei ist mir durchaus bewusst, dass das Küssen mit anderen Spaß machen kann.

## Die betrauerten Küsse

Mitunter werden wir es sogar bedauern, einen anderen nicht geküsst zu haben. So fragt – in dem Roman ‚Salz auf unserer Haut' - eine lebenserfahrene, verheiratete Frau einen Fischer, den sie seit ihrer Jugend liebt: „Und trauerst dem Kuss nach, den wir uns nicht gegeben haben?" Schließlich kommt es zwischen ihnen zu einer tiefgehenden Annäherung. Dabei zeigt der Roman, wie erfüllend eine solche Beziehung sein kann. Aber meist ist diese so konfliktreich, dass ich Ihnen empfehlen würde: Küssen Sie Ihre eigene Frau, Ihren eigenen Mann so intensiv, das Sie nichts vermissen. Dann haben Sie auch nicht das Gefühl, auf etwas zu verzichten, wenn Sie nicht jede Kuss-Gelegenheit wahrnehmen.

*Ja so ein Kuss verrät das und dies ...*
*Rainer Maria Rilke*

# Was sagt das Küssen über den Anderen aus?

Um das Rätsel eines guten Kusses zu lösen, ist es sinnvoll, dass wir uns in unserer Forschungsarbeit wie bei einer Bergbesteigung spiralförmig nach oben bewegen. Wissenschaftler nennen dies den hermeneutischen Zirkel. Wenn man die grundlegenden Fragen geklärt hat, beginnt man dann immer wieder von vorn – aber auf einer höheren Ebene. So geht es uns, nachdem wir die wichtigsten Themen der Entwicklung des Kusses beschrieben haben.

Und nun wollen wir noch einmal darüber nachdenken, was sich am Beginn des Küssens abspielt. Denn in dieser Phase muss ich viele Informationen darüber sammeln, ob der Andere für eine Beziehung überhaupt geeignet ist. Dies geschieht allerdings automatisch und wir machen uns darüber meist keine Gedanken. Das betrifft beispielsweise den Geruch unseres Gegenübers und es heißt nicht zufällig, dass man jemanden gut riechen kann. Oft beinhaltet unser natürlicher Instinkt die beste Orientierung, die uns selbst im Bereich der Liebe leiten kann. Das gilt auch für das Küssen, wo wir weit über den Geruch und den Geschmack hinaus Informationen darüber bekommen, wer der andere ist.

Meist ahnen wir das und handeln unbewusst danach. Das ist das Ergebnis einer Studie des Psychologen Gordon G. Gallup. Er fand heraus, dass sich 2/3 der befragten Frauen und mehr als die Hälfte der Männer nicht mehr zu einem potentiellen Partner hingezogen fühlten, wenn sie den Kuss nicht mochten. [27]

## Küssen ist ein Charaktertest

Wir sind deshalb so anspruchsvoll beim Küssen, weil es der beste Charaktertest ist, den wir beim Kennenlernen anwenden können. Es gibt natürlich vielfältige andere Alltagstests: Sie können beispielsweise mit einem Anderen tanzen gehen. Dann merken Sie rasch, ob er führen oder folgen kann und ein guter Team-Player ist. Aber dazu muss man sich erst einmal verabreden und nicht jeder tanzt gern. Sie können zudem auf den Händedruck oder das Kommunikationsverhalten achten. Aber nicht immer wissen Sie dann, ob der Andere ein guter Partner, vielleicht sogar ein guter Vater Ihrer zukünftigen Kinder ist. Denn oft werden Sie rätseln, was Ihnen der feste Händedruck sagen kann und das Kommunikationsverhalten ist häufig merkwürdig. Da ist dieser interessante Mann manchmal durchaus in der Lage zuzuhören. Er hat sogar behalten, was Sie ihm vor Wochen erzählt haben. Doch plötzlich redet er ununterbrochen und stellt sich so dar, als stünde er auf einer Bühne. Und Sie fragen sich: Welche Eigenschaft stimmt denn nun?

Allerdings gibt es ein diagnostisches Kriterium, das ziemlich eindeutig ist und Ihnen viel über den Anderen verrät: Das Küssen. Denn bei jedem Kuss erfahren wir sehr viel über den anderen: Über sein Bindungsverhalten, seine Gefühle, seine sozialen Fähigkeiten. Wir spüren gleichsam sinnlich, wie der Alltag mit dem Betreffenden aussehen könnte und haben eine klare Empfindung, was sich im Bett abspielen wird.

## Küssen ist eine Testbatterie

Das Küssen ist offenbar die beste Möglichkeit, die Seele des Anderen zu erkunden. Denn wenn sich unsere Lippen begegnen, handelt es sich um eine psychologische Testbatterie, die uns Aufschluss über die unterschiedlichsten Eigenschaften unseres Gegenübers gibt. Doch dies selbstverständliche Potential des Küssens wurde bisher sehr verkannt. Man hat das Küssen viel stärker als eine biologische Erkundungstour angesehen, bei der man das individuelle Geruchsprofil des Anderen wahrnimmt. Tatsächlich erhält man auf diese Weise viele Informationen darüber, wie sein Immunsystem beschaffen ist und ob er über eine starke Abwehrkraft gegen Erreger verfügt.

Die amerikanische Forscherin Sarah K. Woodley hat durch die Auswertung verschiedener Studien festgestellt, man könne durch das Küssen die Immunfähigkeit des Partners geradezu erriechen. Diese These wollten Wissenschaftler beweisen, indem sie Frauen und Männer an getragenen T-Shirts schnuppern liessen. Sie gingen hierbei davon aus, dass es darauf ankommt, Partner mit einem anderen MHC-Immuntypen zu finden, weil dann unsere Nachkommen gegen mehr Krankheiten immun sind. Und tatsächlich bevorzugten die meisten Versuchsteilnehmer die T-Shirts anderer MHC-Immuntypen. Da dies aber nicht immer der Fall war, sah Sarah K. Woodley die

Kuss-Kontrolle der MHC-Gene nicht als den herausragenden Faktor dafür an, dass ein Paar zusammen bleibt. [28]

## Küssen ist die Stunde der Wahrheit

Offenbar ist das Küssen heutzutage weniger eine medizinische Diagnostik, bei der wir unbewusst das Genmaterial des Gegenübers erkunden und dann wissen, ob der andere der richtige Vater oder die richtige Mutter für die gemeinsamen Kinder ist. Schließlich sind wir keine chemischen Labore und nehmen keine medizinischen Analysen vor. Wenn dies wirklich so wichtig wäre, müsste man sich bei jedem Partnerschaftsversuch vom Anderen einen Arztbericht vorlegen lassen und danach prüfen, ob man kompatibel ist.

Vielmehr spüren wir beim Küssen vor allem, ob wir zusammenpassen. Das betrifft insbesondere die sozialen Fähigkeiten. Denn wenn wir küssen, erkennen wir jene Eigenschaften, die zunächst unsichtbar bleiben. Dann begreifen wir vieles, was wir sonst erst in einigen Monaten erfahren würden. Insofern ist das Küssen die Stunde der Wahrheit.

## Der Prozess der Auslese

Genau genommen findet beim Küssen eine regelrechte Auslese statt, denn alles vorher ist nur ein Kennenlernen, bei dem man noch keine Entscheidung trifft. Man unterhält sich und kommt vielleicht zu dem Ergebnis, dass uns der Andere gefällt. Doch dann will man wissen, ob es sich lohnt, ihn weiter zu treffen. Und hier spielt das Küssen eine bedeutende Rolle. Dabei sind wir bis zu einer gewissen Grenze durchaus tolerant und können über feuchte Schmatzer und einen zu schnellen Einsatz der Zunge hinwegsehen. Insofern ist es nicht so wichtig, ob der andere eine gute Kusstechnik beherrscht. Aber wir spüren beim Küssen sehr genau, wie die Qualitäten des Anderen sind, mit uns eine beständige Partnerschaft einzugehen. Deshalb ist die Sexualpädagogin Gianna Bacio überzeugt, ein Kuss würde zeigen: „ … ob man als Paar miteinander harmoniert und sich im wahrsten Sinne des Wortes schmecken kann." [29]

## Küsse sind Gespräche der Lippen

Leider sind wir uns häufig über die große Bedeutung des Küssens nicht genügend bewusst. Im Gespräch sagte mir beispielsweise ein Frauenarzt, ein Kuss sei doch nur Vorbereitung, fast wie ein schmückendes Beiwerk. Entscheidend sei dann der Sex, der sehr kommunikativ sei, schließlich würde man vom Beziehungssex sprechen. Das stimmt durchaus und viele Frauen haben mir vermittelt, sie wüssten nach der ersten Nacht, wer dieser Mann sei. Aber sie könnten es vorher wissen, denn die Sprache des Küssens ist viel eindeutiger, kommunikativer, aussagekräftiger. Schließlich ist das Küssen immer das Zusammenwirken von zwei Menschen.

## Das Küssen ist immer Teamarbeit

Das trifft für die Sexualität nicht unbedingt zu, denn sie wäre auch allein möglich, sagte mir schmunzelnd eine junge Studentin. „Wenn ich mir mit meinen eigenen Fingern Lust bereite, geht dies oftmals besser als wenn ich mit einem Mann schlafe.

Schließlich weiß ich genau, was ich brauche, wo ich gestreichelt werden möchte, welches Tempo, welcher Druck erforderlich ist, inwiefern ich mich nach Abwechslung sehne. Doch mich allein küssen, das geht nicht."

Offenbar hat das Küssen eine Ausnahmestellung in der Erotik. Es ist etwas Besonderes und das sehen wir auch beim Vergleich mit den Zärtlichkeiten. Denn zärtliche Berührungen sind fast ein wenig langweilig, wenn wir uns selbst streicheln. Es fehlt die Überraschung, die sonst die Zärtlichkeiten prägt. Und es fehlt der liebende Mensch, der mit seinen Fingern über unsere Haut streicht. Und dennoch: Wir können uns selbst massieren und uns beruhigen, indem wir uns langsam mit unseren Fingern über die Hand, über die Arme fahren. Doch dies funktioniert beim Küssen nicht. Wir können zwar die eigenen Hände oder Arme küssen, aber wir können nicht einen Kuss auf die eigenen Lippen drücken. Insofern ist jeder wirkliche Kuss ein Dialog, es ist Teamarbeit.

## Die Kussbotschaft

Teamarbeit bedeutet, dass sich im Küssen die Persönlichkeit des Anderen zeigt. Solange wir nur reden und handeln, können wir uns verstellen. Doch der Kuss-Dialog zeigt unsere Stärken und Schwächen und dieser Sachverhalt lässt sich nicht durch eine Technik überlisten. Deshalb kann man das Küssen nicht aus dem Lehrbuch lernen, da es letztlich um eine wortlose Begegnung geht, wo wir zuhören und reden, wo wir spüren und unsere Leidenschaft ausdrücken. Dabei bin ich immer wieder beeindruckt, wie differenziert die Kussbotschaften sind. Wir müssen uns nur die Zeit nehmen, um die Sprache der Küsse zu übersetzen. Dann formulieren wir jene Eigenschaften, die zu dem Kussverhalten passen und uns mehr über diese Person verraten. Ich will das an drei Beispielen verdeutlichen:

- Seine Küsse waren immer zu feucht, zu deftig, es war unangenehm, aber er verhielt sich auch sonst so: Er war überwältigend, wenig einfühlsam.

- Ihre Küsse waren wunderbar, ich konnte dahinschmelzen und ähnlich war das mit den Gesprächen. Wir konnten stundenlang reden, uns mit Worten die Bälle zuwerfen.

- Wenn er küsste war es immer so, als wäre er nicht da. Er küsste sehr scheu. Da kam irgendwie nix. So war er auch sonst, unsere Partnerschaft war eine Wohngemeinschaft.

Insofern empfangen wir bei jedem Kuss eine tiefgründige Botschaft, die wir allerdings entschlüsseln müssen. Sie besteht vor allem aus drei Elementen:

- Der Sensibilität der Küssenden. Sensibel bedeutet Feinfühligkeit, sie liegt vor, wenn der Andere Antennen für sein Gegenüber hat. Wenn er spürt, wie es dem Kusspartner/in geht und darauf reagiert.

- Der Leidenschaft: Leidenschaft bedeutet, dass jemand starke Gefühle hat und sie auch ausdrücken kann.

117

o  Der seelischen Musikalität: Dies hat mit der Fähigkeit zu singen oder ein Instrument zu spielen nichts zu tun. Es ist vielmehr die Fähigkeit, mit dem Anderen zu schwingen und auch beim Küssen das richtige Tempo zu finden. Dabei gibt es eine Grundregel: Man sollte sich der Geschwindigkeit und Intensität des anderen anpassen, weil es nur dann zu einem gemeinsamen Kusserlebnis kommt.

## Küsse sind die mündliche Prüfung

Das sind die drei Kriterien der Kuss-Prüfung, die viele nicht gut bestehen. Deshalb haben mir Frauen in zahlreichen Interviews Kuss-Erlebnisse mitgeteilt, bei denen sie nach wenigen Minuten spürten, dass sie sich mit diesem Typen nicht mehr treffen würden. Denn der erste Kuss sei ein Fiasko gewesen und sie wussten, dass es nicht besser wird: „Wenn schon die Küsse schlecht sind, ist der Sex miserabel und der Alltag problematisch, Küsse sind die mündliche Prüfung der Liebe und wenn ein Mann diesen Test nicht besteht, kann man nur weglaufen." So eine 50jährige Lehrerin, die sich bereits nach einem Treffen dazu entschlossen hat, den Beziehungsversuch zu beenden.

Aber viele von uns werden zögern und sind unentschlossen, weil sie die rätselhaften Kusserlebnisse nicht richtig einordnen können. Damit Sie in Zukunft bei erotischen Annäherungen gewappnet sind, werde ich Ihnen daher drei Falldarstellungen solcher Kusserlebnisse präsentieren.

# Falldarstellung 1: Ich war die Nummer 340

Oft werden Sie bei einem Date rätseln, warum Sie so unterkühlt bleiben, weil der andere scheinbar einiges richtig macht. Aber es fehlt das wirkliche Interesse. Das bestätigte eindrücklich die Schilderung einer Ärztin, die mir nach einer Kuss-Episode mitteilte: „Ich traf einen gut aussehenden Mann, der mir sehr gefiel. Er konnte gewandt reden, war schick gekleidet, ich wusste, dass mich alle Freundinnen beneiden würden. Also machte ich mit, als er mir sagte, er wolle draußen eine Zigarette rauchen. Aber in Wirklichkeit wollte er mich auf einer Parkbank küssen.

Ich war jedoch bald ernüchtert, weil er wie ein Profi küsste. Ich merkte: Ich war die Nummer 340. Routiniert kreiste seine Zunge in mir, als wäre ich ein Studienobjekt. Es war wie ein Gymnastikkurs, in dem eine Übung die andere abwechselt. Mit mir hatte das nichts zu tun und ich ging dann sehr bald wieder rein mit dem Argument, mir wäre kalt. Das stimmte auch: Ich war seelisch erkältet, ernüchtert, weil ich merkte: Diesem Typen ging es nur um sich selbst. Heute würde man sagen: Er war ein Narzisst, er war ein Selbstdarsteller, fand vor allem sich selbst toll, aber ich war austauschbar. Also zog ich mich zurück."

## Falldarstellung 2: Er war nie richtig da

So entschlossen handelte auch eine Buchhändlerin, die vor zwanzig Jahren einen Mann traf, den sie sehr mochte. Er konnte interessant erzählen und war ein regelrechter Büchernarr. Das bewunderte sie sehr, weil auch sie in der Welt der Bücher lebte. Stundenlang konnten sie über spannende Romane reden, sie hatten eine gemeinsame Basis. Aber seine Küsse wären sehr lau gewesen. Und dieses Gefühl habe sich noch verstärkt, als sie nach den ersten Treffen krank geworden sei. Vom Bett aus telefonierend merkte sie, dass sie sich nichts mehr zu erzählen hatten. Persönliche Gespräche waren kaum möglich und sie ärgerte sich vor allem, dass er sich kaum um sie kümmerte. Sie klagte: „Er hatte nichts Versorgendes und irgendwie merkte ich das schon beim Küssen. Denn er küsste so, dass ich ihn nie wirklich spürte. Da war keine Leidenschaft, ich hätte auch einen Apfel küssen können. Zwar war ich am Anfang wie wild entschlossen, dass das doch klappen muss. Ich dachte: Es ist doch nur das Küssen. Aber dann wurde mir klar, dass mir das Küssen gezeigt hat, dass ich mit diesem Mann eher eine Freundschaft eingehen sollte, um über Bücher zu reden."

## Falldarstellung 3: Er war noch ein Single

Es war für mich beeindruckend, wie häufig Frauen in wenigen Momenten erkannten, dass weitere Treffen sinnlos waren. Doch besonders aussagekräftig waren die Interviews mit jenen Frauen (und einigen Männern), die sich trotz unbefriedigender Kuss-Erlebnisse auf eine Beziehung einließen. Denn wir lernen oft am meisten vom Scheitern, von den Umwegen, den Irrtümern und falschen Entscheidungen.

So ging es einer Grafikerin, die sich von ihrem Mann nach 20jähriger Ehe getrennt hatte. Als ich ihr meinen Manuskriptentwurf gegeben habe, schrieb sie mir: „Ich war nach den ersten Treffen durcheinander, denn er war durchaus an mir interessiert, war romantisch, brachte mir rote Rosen mit, schickte mir jeden Morgen einen Gruß aufs Handy. Man könnte sagen: Er war ein bemerkenswerter Jäger, aber er wusste nie genau, wer ich war, spürte meine Stimmungen nicht. Ironisch sagte ich manchmal zu meinen Freundinnen, ich sei mit einem Autisten zusammen. Und ich merkte das am deutlichsten, als ich ihn küsste: Besser gesagt: er küsste mich. Denn wie es mir ging, spielte dabei keine Rolle. Er küsste etwas zu schnell, ich zuckte manchmal fast zusammen, rückte ein wenig von ihm ab, aber das merkte er nicht.

Ich habe einmal gewagt, ihm das zu sagen und bat ihn, langsamer zu küssen und darauf zu achten, wie es mir dabei ging. Halb war er beleidigt, denn er hielt sich für einen großen Küsser. Doch halb ging er auch auf meine Wünsche ein und ich war selig. Ich merkte damals: Er kann, wenn er will. Aber das nächste Mal küsste er wieder schneller und bald praktizierte er seine übliche Kusstechnik, in der lediglich seine Bedürfnisse zählten. Ich war nur ein Kuss-Objekt und fühlte mich überwältigt.

Dennoch ließ ich mich auf die Beziehung ein. Ich glaubte, dass man Männer erziehen kann, dass ich ihn verändern kann. Und das war ein fundamentaler Irrtum. Denn er spürte nie, wie es mir ging. Ich bekam nie wirklich Anerkennung, Zärtlichkeiten gab es nur, wenn er mit mir ins Bett gehen wollte. Ich arbeitete damals in einem Werbebüro und es gab oft Probleme. Doch wenn ich ihm etwas erzählte, hatte er es am nächsten Tag wieder vergessen. Ihm war der Kauf einer Spiegelreflexkamera wichtiger als meine Probleme bei der Arbeit. Und als meine Eltern krank wurden und ich mich zunehmend um sie kümmerte, hing das ausschließlich an mir. Ich war ernüchtert, aber ich wusste: Ich hätte es ahnen können. Denn der erste Kuss war die Blaupause für alles, was ich später mit ihm erlebte. Ich hätte mehr auf diesen Kuss hören sollen, dann wäre mir einiges erspart geblieben."

Die Grafikerin hatte die Bedeutung des Küssens sehr unterschätzt. Denn jeder Kuss offenbart den Charakter des anderen, er zeigt uns das Fundament seines Lebens. Und hier gilt die gleiche Erkenntnis wie bei einem Haus. Ich kann noch relativ leicht die Größe der Fenster ändern, mit einigem Aufwand werde ich auch Änderungen beim Dachaufbau vornehmen können. Doch das Fundament werde ich nur mit sehr viel Mühe verstärken können. Und so ist das Küssen eine Eigenschaft, die wir sehr ernst nehmen sollten.

## Die Kussdiagnostik

Nun konnten Sie vielleicht dieser Kuss-Diagnostik zustimmen und hatten dennoch das Gefühl, dass Sie davon persönlich nicht betroffen sind. Denn die Küsse Ihres Mannes waren zumindest befriedigend. Aber Sie waren trotzdem hin- und hergerissen und blieben distanziert, weil einiges merkwürdig war. Das Kuss-Barometer gab Ihnen also erste Hinweise, die Sie aber nun durch eine genauere Diagnostik vertiefen könnten.

Eine solche Diagnostik enthält exakte Prüfpunkte, die beispielsweise jeder Personalberater kennt, wenn wir zu einem Bewerbungsgespräch kommen. Er achtet dann auf unsere Gesamterscheinung (Mimik, Gestik, Kleidung), auf unsere Ausstrahlung, unser Kommunikationsverhalten. Solche zusätzlichen Prüfpunkte gibt es auch, wenn wir die Fähigkeit zum Küssen beurteilen wollen. Denn den guten Küsser erkennen wir an seiner Teamfähigkeit und er ist zudem bereit, auf unsere Bedürfnisse in einer Liebesbeziehung einzugehen. Daraus ergeben sich dann folgende Fragen:

o Was sind meine Kernbedürfnisse in der Gestaltung des Alltags (dazu gehören die Themen Geld, Küche, Kinder) und wird dieser Mann in der Lage sein, sie zu erfüllen?

o Wie viel Nähe wünsche ich mir, wie will ich meine Freizeit gestalten?

o Worüber würde ich gern in einer Beziehung reden, was sind die Themen meines Lebens?

o Wie wichtig ist mir Sex und wie stelle ich mir Zärtlichkeit und Erotik vor?

o Will ich zusammenziehen oder strebe ich langfristig eine Living-Apart-Together-Partnerschaft an?

Wenn Sie einen Mann einige Zeit kennen, können Sie alle Fragen unschwer beantworten, indem Sie den Scheinwerfer der Aufmerksamkeit stärker auf diese Themen richten. In jeder Begegnung bekommen wir hunderte kleine Informationen, die wir üblicherweise achtlos in das Unterbewusste absinken lassen. Allerdings sind diese Erkenntnisse unendlich wertvoll, weil sie uns zeigen, ob der oder die Andere wirklich partnerschaftsfähig ist. Und diesen Gesamteindruck sollten wir nun ergänzen, indem wir uns an die ersten Küsse erinnern. Dann spüren Sie noch einmal, ob er fähig war küssend auf Sie einzugehen, ob Sie von seiner Leidenschaft mitgerissen wurden, ob es ein gemeinsames Schwingen gab. Dann sind Sie in der Lage die Kussdiagnostik durch die Liebesdiagnostik zu vertiefen und Sie werden genau wissen, ob Sie als Paar kompatibel sind.

## Gemeinsame Kinder

Das ist vor allem dann wichtig, wenn man Entscheidungen treffen muss, die man nicht so leicht revidieren kann. Beispielsweise, wenn man sich gemeinsame Kinder wünscht. Denn dann müssen Frauen genau prüfen, ob dieser Mann ein guter Vater sein würde. Und auch hier ist die Qualität der Küsse ein Kriterium, das Frauen sehr ernst nehmen. Das ist die Erfahrung der US-Anthropologin Helen Fisher. Sie war der Meinung, dass Frauen beim Küssen nicht nur spüren, ob er ein guter Kerl ist. Vielmehr ahnen sie auch, „ob er ein guter Vater wäre."

## Das Abenteuer Familie

Das bestätigte mir eine 50jährige Angestellte. Sie wollte unbedingt Kinder haben und war deshalb mit 30 Jahren auf der Suche nach einem passenden Mann gewesen. Sie erinnert sich: „Die Fähigkeit der Männer zu Zärtlichkeiten waren durchschnittlich und der Sex war oft nicht besonders. Doch ich achtete instinktiv besonders auf die Küsse und habe mich für einen Mann entschieden, der ganz gut küssen konnte. Er war zwar nicht sehr leidenschaftlich beim Küssen, aber er war einfühlsam, sehr vertraut, sehr zärtlich. Ihn habe ich gewählt, denn mir war klar: Das Abenteuer Familie bekommt man nur hin, wenn man sozial ist. Und das hat auch geklappt, meine Wahl war richtig und wir haben uns erst getrennt, als die Kinder aus dem Haus waren. Denn für die zweite Lebenshälfte passte er nicht mehr. Ich fing an, mich bei ihm zu langweilen. Aber auch das hätte ich schon beim ersten Kuss ahnen können."

## So gelingt die Liebe

Offenbar gilt grundsätzlich eine Lebenserfahrung: Wer gut küssen kann, ist als Partner hochgradig geeignet. Als Psychotherapeut beschäftige ich mich mit dem Phänomen Küssen seit Jahrzehnten und es ergaben sich in den meisten Fällen überdurchschnittlich gute Partnerschaften, wenn zwei intensiv küssen konnten. Dann gab es zwar auch nach vielen Jahren gelegentlich Trennungen. Aber meist hielten die Liebesbeziehungen mehr als zehn Jahre und wir sprechen dann bereits von einer geglückten Partnerschaft. Dies ist vor allem der Fall, wenn in diesen Beziehungen auch das Gespräch gelang, wenn der Sex gut war und wenn beide fähig und bereit waren, aufeinander einzugehen und sich gern und ausgiebig küssten.

## Der Blick in die Kristallkugel

Wir haben jetzt gesehen, dass jeder Kuss wie eine Kristallkugel ist, mit der wir in die Zukunft des gemeinsamen Lebens schauen können. Aber ganz unkompliziert ist dieser Blick in die Zukunft nicht. Denn meine Interviews haben gezeigt: Ein guter Kuss ist keine Garantie für eine lange Partnerschaft. Er garantiert noch nicht einmal, dass eine Partnerschaft überhaupt beginnt. Das musste ein junger Mann begreifen, nachdem er sich mit einer sehr attraktiven Frau ein Jahr lang getroffen und geküsst hatte. Sie war zwar verheiratet, aber ihre Küsse waren so intensiv und hingebungsvoll, dass er überzeugt war: Das wird eine feste Beziehung. Sie wird sich von ihrem jetzigen Ehemann trennen.

Doch zu seinem Erstaunen war dies nicht der Fall und er musste einsehen, dass es mitunter ein Bindungsverhalten gibt, das bedeutsamer als die Intensität des Küssens ist. In diesem Fall blieb diese Frau bei ihrem Mann, weil für sie die Sicherheit wichtiger war als die Leidenschaft. Und so wird klar: Nicht immer ist ein leidenschaftliches Küssen, bei dem man die Welt vergisst, eine Garantie für ein vollendetes Liebesglück.

## Er hat mir die Welt erklärt

Noch irritierender, noch komplizierter war das Erlebnis einer 35jährigen Kinderkrankenschwester, die sich in einen Mann verliebt hatte, der einfühlsam küssen konnte und mit dem auch der Sex ganz erfüllend war. Aber die Gespräche waren nicht angenehm, er habe ihr immer die Welt erklärt, habe nicht zuhören können, sei sehr selbstbezogen gewesen. Und sie habe dann verstanden, dass für ihn die Nähe beim Küssen noch möglich war, während beim Reden seine distanzierten Muster regelrecht durchgebrochen seien. Das miteinander Reden wäre offenbar von einer größeren körperlichen Distanz geprägt gewesen. Jedenfalls habe sie sich dann nach einigen Monaten getrennt. Wir sehen an diesem Beispiel: Wir sollten zusätzlich zum Küssen immer die Gesamtumstände berücksichtigen.

## Die Gesamtbewertung

Es kommt also immer darauf an, dass wir eine Person als Ganzes sehen. Dann werden wir allerdings auch begreifen, dass erhebliche Kussdefizite durch andere Eigenschaften ausgeglichen werden können. Deshalb kann ausnahmsweise auch eine Beziehung mit einem mittelmäßigen Küsser gelingen. Es gibt offenbar Situationen, in denen Sie merken: Das Küssen ist miserabel, aber dieser Mann ist so großartig, dass Sie sich trotzdem weiter mit ihm treffen. Denn er ist sehr zärtlich, seine Stimme wohltönend und er kann kochen. Sie sehen also: Ein schlechter Kuss muss Sie nicht davon abhalten, eine Beziehung zu beginnen. Denn letztlich nehmen wir eine Gesamtbewertung vor und berücksichtigen die Beziehungsfähigkeit des Anderen, seine Ausstrahlung, sein Verhalten uns gegenüber. Und dann werden wir uns vor allem die Frage stellen: Fühle ich mich bei ihm bzw. ihr wohl und geborgen oder nicht.

## Sie sind trotzdem zusammen

Diese Frage stellte sich auch immer wieder eine Rechtsanwältin, die von einem Mann beeindruckt war, den sie am Strand kennengelernt hatte. Er war zuvorkommend, sah gut aus, sie lachten unentwegt miteinander, es kribbelte in ihrem Bauch. Aber die Küsse waren zu feucht, vor allem aber zu kurz und sie merkte: Seine Küsse waren ein Standardprogramm, um miteinander ins Bett zu gehen. Es war kein Spiel der Lippen, sondern eine Pflichtveranstaltung. Dennoch machte sie weiter und der Sex war etwas besser, aber auch nicht überragend. Und sie merkte nach einiger Zeit, dass dieser Typ ein Problem mit wirklicher Nähe hatte. Die Gründe dafür wurden offensichtlich, als sie seine reservierte Mutter kennenlernte.

Schließlich ließ sie sich dennoch auf die Beziehung ein und beide sind jetzt – nach immerhin 15 Jahren – noch immer zusammen. Doch sie klagt manchmal bei Freundinnen, dass er ihr zu wenig Aufmerksamkeit schenkt, ihr kaum Komplimente macht, dass er in den Gesprächen am liebsten seine eigene Meinung vertritt und selten auf sie eingeht. Aber irgendwie erträgt sie das, weil er auch sehr zuverlässig ist und sie mit seinem Humor mitreißen kann. Und so sagte sie mir: „Wenn ich meine Beziehung mit der meiner Freundinnen vergleiche, dann sehe ich: Meine ist trotz aller Schwierigkeiten gut. Manche Eigenschaften ertrage ich einfach. Und dann sitze ich manchmal im Garten unter der großen Buche und denke: Das hast Du von Anfang an gewusst. Du wusstest, worauf Du Dich einlässt, also klage nicht. Und ich wusste es bereits nach dem ersten Kuss."

## Die Bilanz

Offenbar entscheiden wir uns bei der Liebe fast berechnend, indem wir alle Faktoren abwägen. Zwar ist die Liebe immer sehr emotional, aber letztlich berücksichtigen wir die Vor- und Nachteile eines Menschen und kommen zu einem Gesamtergebnis. Wenn also der Andere nicht gut küssen kann, könnte er es manchmal durch viele andere positive Eigenschaften wettmachen. Ich will Ihnen das noch einmal an einem Beispiel verdeutlichen, das mich fast zum Lachen gebracht hat. Mit einem Unterton der Komik sagte mir eine Psychologin: „Mein Mann kann gut den Rasen mähen, er ist ein Experte für Solar-

Anlagen, er kocht wunderbar, er weckt mich jeden Morgen liebevoll, einmal in der Woche gibt es Sex und wir streiten fast nie
– da ist das Küssen für mich nicht so wichtig."

Wir sehen an diesen Beispielen: Die Liebe ist nie vollständig
blind. Vielmehr wissen wir nach dem Küssen ziemlich genau,
auf wen wir uns einlassen und welche Kompromisse wir eingehen. Dann treffen wir eine Wahl. Und sie kann durchaus bedeuten, dass wir uns für einen schlechten Küsser entscheiden.
Diese Erkenntnis ist sehr wichtig. Denn es wäre verhängnisvoll,
wenn wir das schlechte Kussverhalten nur ertragen. Schließlich
wissen wir, dass die Art des Küssens immer ein Teil der Persönlichkeit ist und wenn wir den anderen sehr mögen, können
wir uns auch mit den Kussdefiziten arrangieren.

## Die eigenständige Persönlichkeit

Stellen Sie sich einmal vor, dass Sie mit einem Menschen zusammen sind, der Sie ganz besonders beeindruckt. Ein sehr
kreativer Mensch, mit dem Sie tiefgründige Gespräche führen
können, der immer wieder neue Ideen hat, mit dem es nie
langweilig wird. Ein Mensch, der intensiv und aus seiner eigenen Mitte heraus lebt. Man könnte kurz sagen: Er bzw. sie ist
eine Persönlichkeit. Und es wird meist so sein, dass diese Persönlichkeit eines Menschen aufgrund besonders schöner als
auch zugleich problematischer Kindheitsbedingungen entstand.
Denn jede Persönlichkeitsentwicklung ist so gut wie immer
auch ein Rettungsversuch, die Bemühung, sich aus Ängsten zu
befreien. Doch daraus entsteht eine zwar intensive, aber brü-
chige Stärke, die dazu führen kann, dass man die Innigkeit ei-

nes Kusses eher als Bedrohung erlebt. Schließlich bleibt hinter der Stärke eine Angst bestehen, die beim Küssen deutlicher wahrgenommen wird. Um diese Angst abzuwehren, küssen solche Persönlichkeiten stürmisch, nie intensiv und langsam, denn sie lieben das Verweilen im Kuss nicht. Letztlich küssen sie wie Eroberer, die alles unter Kontrolle haben. Das sollten wir jedoch nicht analysieren und beklagen, wenn wir uns vom seelischen Reichtum dieser Persönlichkeiten beeindrucken lassen. Dann ahnen wir, dass wir jene Scheu vor langsamen, intensiven Küssen akzeptieren sollten, wenn wir diese Persönlichkeiten bewundern und sie wirklich verstehen und respektieren.

## Eigene Bindungsängste

Eine zweite Ausnahmesituation besteht darin, dass wir selbst zwar gern küssen, gleichzeitig aber eine große Angst vor Nähe verspüren. Kurz gesagt: Wir haben Bindungsängste. Dann küssen wir immer dann gern und hingebungsvoll, solange wir nicht befürchten müssen, dass eine Beziehung verbindlich wurde. Sobald es jedoch ernst wird und wir spüren, dass nun eine feste Partnerschaft entsteht, wird es problematisch. So erging es einem Mann, der mir schilderte, er habe bereits mit 15 Jahren sehr hingebungsvoll eine leidenschaftliche Frau geküsst, es sei großartig gewesen. Sie habe ihm gezeigt, wie schön das Küssen sein könne.

Aber er habe dann doch eine Frau geheiratet, die überhaupt nicht küssen könne. Ihre Küsse waren sehr flüchtig, manchmal habe er sie fest umarmen müssen, um sie intensiver zu küssen. Doch es habe keinen Spaß gemacht, weil er spürte, dass sie am liebsten weggelaufen wäre. Insofern sehnte er sich nach den intensiven Küssen jener leidenschaftlichen Frauen, die er immer wieder im Leben traf.

## Sehnsucht nach Nähe und Angst vor Bindung

Allerdings ging er mit diesen Frauen nie eine längere Beziehung ein, weil er sich schnell bedrängt fühlte. Daher waren seine Nähewünsche sehr konfliktreich: Große Wünsche nach einer intensiven Bindung standen heftigen Bindungsängsten entgegen. Und diesen Konflikt löste er durch eine Co-Bindungsproblematik. Sie bestand darin, dass er sich eine distanzierte Frau suchte. In der Therapie meinte er einmal, das wäre sehr praktisch für ihn gewesen, denn er habe ständig um sie geworben, habe sich dann über ihre mangelnde Nähe beschwert, habe dies immer wieder mit ihr besprechen wollen und habe dadurch die eigene Bindungsangst verdrängt.

Schließlich sei ihm klar geworden, dass er nur lieben konnte, wenn er um eine Frau kämpfen musste, wenn sie ein wenig spröde war. Und insofern rang er sich langsam zu der Erkenntnis durch, dass das schwierige Kussverhalten seiner Frau auch eigenen Ängsten entsprach. Das änderte an den Küssen zunächst nicht viel, aber er küsste ruhiger, beschwerte sich nicht mehr so viel, verstand seine Frau besser und eines Tages kam er zu mir und meinte, die Küsse seien irgendwie inniger geworden.

# Das Kussverhalten von Frauen und Männern

Hinsichtlich des Küssens gibt es einen großen Unterschied zwischen Frauen und Männern. Männer schätzen das Küssen oft nicht sonderlich, aber sie küssen mit dem Ziel, die Wahrscheinlichkeit von Sex zu erhöhen. Das war das Ergebnis einer Studie des Psychologen Gordon Gallup. Demgegenüber ist für Frauen das Küssen eine vertrauensbildende Maßnahme. Für sie wird das Küssen im Laufe einer Liebesbeziehung immer wichtiger, für die Männer jedoch unwichtiger, weil sie grundsätzlich ihre Beziehungswünsche erreicht haben. Küssen ist dann für Männer oft nur ein Vorspiel zum Sex.

Das verärgert jedoch viele Frauen, da sie viel Wert darauf legen, dass ein Kuss nicht der zwangsläufige Startschuss zum Sex ist. Sie würden gern mehr küssen, ohne dann im Bett zu landen. Denn das Küssen ist für sie eine ganz besondere erotische Annäherung, die ihnen Spaß macht. Sie wollen sich nicht drängen lassen, indem sie das Gefühl haben, sie müssten bereit für den Sex sein. Das würde dazu führen, dass sie sich selbst nicht wirklich auf das Küssen einlassen können, um das Spiel der Lippen zu genießen.

Küssen ist also etwas Eigenständiges und keine Blankovollmacht für den Sex. Schließlich gibt es ja auch das Küssen nach dem Sex, was völlig überflüssig wäre, wenn man es nur als Vorbereitung zum Sex ansehen würde.

## Sex beginnt in der Küche

Allerdings ist das Küssen zur Einstimmung auf die Sexualität für die meisten Frauen sehr wichtig. Deshalb haben sie oft eine klare ,Reihenfolge der Erotik' im Kopf: Sie beginnt mit kleinen Aufmerksamkeiten, möglichst tiefgehenden, persönlichen Gesprächen, Zärtlichkeiten, dann dem Küssen und schließlich dem Sex. Solche Aufmerksamkeiten können darin bestehen, dass er die Küche aufräumt – was sie ihm schon häufig gesagt hat. Deshalb meinte einmal ein Kollege, der Sex würde in der Küche beginnen. Und eine wichtige weitere Stufe ist dann das Küssen. Denn für mehr als die Hälfte aller Frauen ist Sex ohne zu küssen undenkbar. Und am Besten ist es dann natürlich, sich während des Sexualaktes zu küssen.

Nun unterscheiden sich Männer und Frauen jedoch nicht nur darin, welche Bedeutung für sie das Küssen hat. Vielmehr haben sie auch andere Präferenzen hinsichtlich der Kusstechnik. Während Männer die feuchten Küsse bevorzugen, mögen Frauen eher die dezenten Küsse. Dafür haben Wissenschaftler eine einfache Erklärung: Männer würden feuchter küssen, um damit Speichel und daher auch Hormone wie Testosteron und Östrogen auszutauschen. Durch diesen hormonellen Input könne man das Potential des Gegenübers erkunden. Doch diese biologische Erklärung ist wenig erhellend. Hilfreicher ist die Vermutung, dass diese ,Überschwemmungen' darauf beruhen, dass man zu heftig küsst, weil man das ruhige, besinnliche Küssen nicht mag. Gewissermaßen macht man Tempo, weil man den Vorgang des Küssens abkürzen will und sich beim langsamen Küssen unbehaglich fühlt. Weitere Erklärungen zum Kussverhalten findet man in dem Buch ‚The Art of Kissing'. Es wurde 1991 von William Cane herausgegeben und ist das Standardwerk zu diesem Thema.

## Küssen ist weiblich

Doch warum mögen viele Männer das ruhige Küssen nicht und bevorzugen den Sex? Mir sagte kürzlich ein Mann, das Küssen sei merkwürdig, es klang so, als würde es ihn verunsichern. Das bestätigte er mir, indem er meinte: Beim Sex sei alles klar, da gäbe es einen Anfang und ein Ende und überschaubare Spielregeln. Und es gäbe immer noch eine gewisse Distanz, die beim Küssen aufgehoben sei. „Das ist mir zu eng, zu viel, zu lang."

Noch eindeutiger und bewertender war jedoch die Einstellung eines Mannes, der in einem Interview äußerte: Küssen sei weiblich. Zu meiner Überraschung bejahten dies durchaus andere Männer. Sie konnten diese Aussage nicht begründen, fanden aber, dass sie irgendwie richtig sei. Und es stimmt: Küssen ist ein emotional-körperliches Gespräch, ein sinnliches Zuhören, ein Aufeinander-Bezogen-Sein und in gewisser Weise sind dies alles Eigenschaften, in denen Frauen den meisten Männern überlegen sind. Doch der Sex, die Penetration, wird als männlich angesehen, es ist eine Eroberung, eine Form von Stärke und nicht einer Hingabe, die von vielen als schwach eingeschätzt wird. Offenbar haben Männer in unserer Kultur oft andere Gefühle und Interessen als Frauen. Das ist das Ergebnis einer gesellschaftlichen Prägung, die durch die Erziehung vermittelt wird. Dadurch wird bei Männern ein bestimmtes Verhalten gefördert, was auch die Sexualwissenschaftlerin Ingelore Ebberfeld beschreibt. Sie war davon überzeugt, Männer seien zielorientiert, sie würden ihren Samen so weit wie möglich streuen. Wie sie zu ihrem Ziel kommen, sei ihnen egal.

## Männliche und weibliche Vorstellungen von Nähe

Ich glaube aber nicht, dass diese biologische Erklärung wirklich hilfreich ist. Denn es geht hier vielmehr um unterschiedliche Vorstellungen von Nähe. Schließlich verfügen Frauen und Männer häufig über andere Fähigkeiten, um die gewünschte Bindung herzustellen. Männer bevorzugen oft aktive Lösungen und daher sagte mir ein Freund in einem Interview: Männlich sei es, wenn er ihr hilft, sie durch seine klugen Reden beeindruckt und mit einem derben Humor zum Lachen bringt. Als weiblich beschrieb er, wenn man gefühlvoll und geduldig sei.

Nun werden Sie vielleicht den Einwand vorbringen, dass die Einteilung in männliche und weibliche Vorstellungen und Eigenschaften problematisch sei. Das stimmt, denn Forschungen haben gezeigt, dass die Gemeinsamkeiten zwischen Frauen und Männern größer sind als die Unterschiede. Dennoch gibt es gravierende Abweichungen zwischen den Geschlechtern: Männer sind oft aggressiver und legen mehr Wert auf ein aktives Problemlösungsverhalten, Frauen haben ein größeres Interesse an Beziehungen und oft weniger an Dingen. Wir alle kennen diese klassischen Situationen: Eine Frau schildert ein Problem und möchte, dass der Partner zuhört und sie versteht. Doch er verkennt ihr Anliegen volllständig und bietet ihr eine schnelle praktische Lösung an. Beide sind enttäuscht, weil ihre jeweiligen Erwartungen vom Anderen nicht erfüllt werden.

## Geldverdienen und Farbdrucker

Diese eher sachliche Lebenseinstellung prägt häufig das Verhalten von Männern. Sie unterhalten sich gern über Sport (65%), Autos (51%) und Technik (49%). [30] Eine Frau beschwerte sich daher kürzlich bei mir: „Mit meinem Mann über Gefühle zu reden, ist eine Geduldsprobe, weil er keine Fragen stellen kann, sich nicht wirklich einfühlt, sondern am liebsten Fakten vorbringt. Wenn ich etwas über die Dynamik in der Ehe sage und wie es mir geht, spricht er darüber, was er für die Beziehung tut. Dann geht es um das Geldverdienen und die Anschaffung eines neuen Farbdruckers. Oft denke ich: Wir sind Wesen von unterschiedlichen Sternen."

Die Differenzen in der Art der Kommunikation zeigen sich vor allem beim Küssen. Denn hier handelt es sich um eine emotionale, sinnliche Art der Kommunikation, die man nicht versachlichen kann. Wenn Küssen Spaß machen soll, gibt es kaum feste Regeln, es ist vielmehr ein aufregendes körperliches Gespräch, bei der jeder sowohl auf den anderen hört und reagiert und gleichzeitig seine Gefühle wahrnimmt. Von diesem umfassenden Dialog fühlen sich viele Männer überfordert und sie überspielen daher ihre Unsicherheit durch ein aktives Kussverhalten. Dies wird aber fast immer von den Frauen moniert. Typische Stellungnahmen waren:

- o Die meisten Männer waren beim Küssen nicht bei sich und nicht bei mir, sondern völlig verkopft.
- o Irgendwie machen Männer aus dem Küssen immer eine Aufgabe, die dann abgearbeitet wird.
- o Männern fehlt die Geduld beim Küssen, das Hinhören, das Fühlen. Sie küssen so, wie sie auch das Auto reparieren.

Offenbar verbinden viele Frauen mit dem Küssen Erwartungen, die von ihrem Partner nur teilweise erfüllt werden. Für Männer ist demzufolge das Küssen wie eine Wanderung in unbekanntem Gelände. Daher ist es verständlich, dass sie häufiger nicht gern küssen und eher auf die Sexualität fixiert sind. So sagte mir ein 60jähriger Reiseleiter: „Ich mochte das Küssen nie. Mir war nicht klar, was meine Frau will. Zudem ist es feucht und man hat die Zunge von ihr im Mund. Irgendwie fand ich das immer merkwürdig und fast ein wenig ekelhaft. Ich mochte es eher, sich untenrum zu küssen. Da war dann jeder mal dran. Die Frauen liebten es, wenn ich sie leckte. Und ich mochte es, wenn sie meinen Schwanz in den Mund nahmen. Das liebte ich sehr, aber das Küssen ist doch was für Pubertierende. Meine Frau ermahnt mich immer, ich solle sie öfter küssen. Doch ich vergesse es leider sehr häufig."

## Der Oralsex

Ich war in den Interviews sehr erstaunt, wie offen die meisten Männer, aber auch Frauen, über ihre Wünsche nach oralem Sex redeten. Das war noch vor einigen Jahrzehnten völlig anders und zu Zeiten von Sigmund Freud wurde der Oralsex sogar als pervers angesehen. Doch heutzutage ist er weit verbreitet. In der Zeitschrift ‚Brigitte' steht, dass für 62% der Männer und für 40% der Frauen der Oralsex die schönste Sexphantasie sei. [31] Tatsächlich wird er sehr häufig praktiziert. In einer Studie haben 56% der Männer und 48% der Frauen angegeben, dass sie sich oral verwöhnen ließen.

## Der Konflikt beim Oral-Sex

Allerdings gibt es in Partnerschaften einen erheblichen Konflikt: 91% der Männer lieben den Oralsex, aber nur 70% der Frauen macht das Spaß. [32] 20% der Frauen tun es nur, weil es ihm gefällt, sie selbst sind dabei wenig erregt. Und fast ein Drittel der Frauen gibt an, sich dabei nicht fallen lassen zu können, wenn sie verwöhnt werden. Sie haben vor allem Angst, ihm könnte es nicht gefallen und denken hierbei insbesondere daran, ihn könnte der Geruch der Scheide stören - was so gut wie immer völlig unbegründet ist. Jedenfalls gibt es beim Oralsex in Hetero-Beziehungen einen Konflikt: Männer kommen erheblich mehr in den Genuss von Oralsex als Frauen. Viele Expertinnen drängen darauf, dies zu ändern. Sie fordern Frauen auf, ihre Bedürfnisse klarer anzusprechen. Denn der Oralsex sei für Frauen eine wunderbare Methode, um zum Höhepunkt zu kommen. [33]

## Die Flöte spielen

Auch in den klassischen Liebesromanen zeigt sich, dass es meist die Frauen sind, die einen Mann verwöhnen. Die wissenschaftliche Bezeichnung dafür ist Fellatio, was soviel wie ‚den

Penis in den Mund nehmen' bedeutet. Es kommt von dem lateinischen fellare ‚Saugen'. Meist sprechen wir hier allerdings vom Blasen, wobei diese Bezeichnung verwundert, da sie nicht dem entspricht, was passiert. Sie soll daher stammen, dass in den 1940er Jahren Jazzmusiker diesen Begriff als diskrete Bezeichnung für den Oralverkehr verwendeten. Schon im alten Griechenland wurde dies als ‚die Flöte spielen' bezeichnet und so nannte man es schließlich in England auch Blowjob. Mitunter hat sich auch der Begriff des Lutschens eingebürgert. Und dies wird immer wieder in den klassischen Romanen als sehr lustvoll dargestellt.

## Unerträgliche Lust

Anais Nin beschreibt in ihrem Bestseller ‚Delta der Venus', wie Elena einen Mann verwöhnte. „Wie durch einen Nebelschleier sah sie ihn auf dem Rücken liegen. Sie rutschte nach unten, bis ihr Mund seinen Schwanz erreichte. Sie küsste ihn rundum, und bei jedem Kuss erbebte er. … Er hielt sie fest, während sie sich auf und ab bewegte, bis sie sich schließlich mit einem Seufzer unerträglicher Wollust auf seinen Bauch fallen ließ und dort liegenblieb und mit geschlossenen Augen ihre Wonne auskostete."

Noch konkreter sind viele der heutigen erotischen Romane, die mitunter eine klare Sexanleitung vermitteln. Beispielhaft sei der Roman ‚Feuchtgebiete' von Charlotte Roche genannt, der 2008 erschien. Dort schreibt sie: „Ich nehme den Schwanz immer tiefer in den Mund. Beim Runterschieben umschließe ich mit engen Lippen komplett den ganzen Schwanz. Beim Hochgehen sauge ich noch dran. Durch den Unterdruck schnalzt es, wenn ich oben angekommen bin. Mit dem Mund nehme ich immer die Vorhaut mit hoch, über die Eichel. Die Zunge drehe ich jetzt immer im Kreis drum herum."

## Das Lecken: Zusammenspiel von Leidenschaft und Technik

Ähnlich ausführlich ist heute die Darstellung vom Oralverkehr, den Frauen genießen. Wissenschaftler bezeichnen dies als Cunnilingus, im Alltag ist es eher gebräuchlich, davon zu reden, sie zu lecken. Das ist sehr lustvoll, weil die Schamlippen sehr sensibel sind und auch die Klitoris stark auf Berührungen reagiert, da hier mehr als 8.000 Nervenenden zusammenlaufen. Das sind doppelt so viel wie im Penis. Deshalb findet man in zahlreichen erotischen Romanen und Zeitschriften ausführliche Beschreibungen, wie Cunnilingus lustvoll erlebt werden kann.

So lautet ein Artikel im Focus: ‚Sieben Frauen verraten, was ihnen dabei am besten gefällt'. Dort schildert die Künstlerin Maja, guter Oralsex sei das Zusammenspiel von Leidenschaft und Technik. Und sie führt dann aus: „Der Kerl sollte sich ein bisschen in die Frau hineinversetzen und sich Gedanken darüber machen, wie es für sie am besten wäre: mal langsamer, mal schneller, mal wilder, mal ruhiger, saugend, leckend … Der Mann sollte der Frau das Gefühl geben, dass das, was vor seinen Augen ist, das schönste Ding auf Erden ist."

## Stellung 69

Natürlich ist es am schönsten, wenn man die Stellung 69 praktiziert. Mit dieser Zahl wird die Körperausrichtung dieser Sex-
stellung verdeutlicht, die wie eine 6 und eine 9 aussieht. Dann
sind beide aktiv und genießen gleichzeitig die Küsse des Part-
ners/der Partnerin. Meist wird diese Stellung in das Vorspiel
eingebaut, mitunter ist es aber auch die Möglichkeit, dass beide
zum Orgasmus kommen. Dabei sollten allerdings die Männer
Geduld haben, weil Frauen dann ihren Höhepunkt erst nach
längerer Zeit erleben.

*Küsse sind das, was von der Sprache
des Paradieses übrig geblieben ist.*

Joseph Conrad

# Küssen in verschiedenen Kulturen

Für uns ist das intensive Küssen die schönste Nebensache der
Welt, aber es ist nicht überall üblich, sich romantisch zu küssen.
Das zeigt eine Veröffentlichung in dem Fachmagazin ‚American
Anthropologist'. [34] Dort beschreiben Wissenschaftler der Universität Indiana, dass noch nicht einmal in der Hälfte der Kulturen der romantische Kuss üblich ist. Zudem gibt es viele Länder, in denen in der Öffentlichkeit nicht gern geküsst wird. Dazu gehören Japan, China, Indonesien, Indien und auch Russ-
land. Dabei hat dies mitunter praktische Gründe. Schließlich
reiben die Eskimos die Nasen aneinander – was auch mit den
extremen Temperaturen zu tun hat, weil in der Kälte die Lippen gefrieren könnten.

## Küssen ist nicht angeboren

Offenbar ist unsere Art des Küssens nicht universal, aber es ist
eine der ältesten Formen, seine tiefe Zuneigung zu zeigen. Doch
das ist kein biologisches Programm, sondern kulturell erwor-
ben. Schließlich wusste schon der Naturforscher Darwin, dass
das Küssen nicht angeboren, sondern eine Kulturtechnik ist.
Deshalb wird auf der ganzen Welt unterschiedlich geküsst. Dabei wurde in der Studie der Universität Indiana ein romanti-

scher Kuss als innige Lippenberührung definiert. Wichtig bei dieser Studie war, dass der ozeanische Kuss mitgezählt wurde, bei dem die Gesichter aneinander gerieben werden. Nun bezweifelt zwar die Ethnologin Catherine Whittaker von der Goethe Universität in Frankfurt/Main die Studie, da es heute in Zeiten der Globalisierung unmöglich sei, so genaue Daten zu erheben. Schließlich würde man überall durch Hollywood-Filme die Art des romantischen Küssens kennen. Aber Tatsache ist dennoch, dass nicht überall romantische Küsse praktiziert werden.

## Der Mund ist das Tor zur Seele

Hierbei scheint es ein Nord-Süd-Gefälle zu geben. Denn der Kommunikationswissenschaftler Hektor Haarkötter stellte fest, dass Küssen eher in den nördlichen Weltregionen verbreitet sei. Dafür findet man das Küssen in der indigenen Bevölkerung Mittelamerikas nicht und das gilt auch für die Ureinwohner des Sudans, die sich nicht vorstellen können, sich zu küssen, da der Mund das Tor zur Seele sei. Zudem gibt es viele Länder, wo man sich zwar küsst, aber nicht in der Öffentlichkeit. Ein leidenschaftlicher Kuss auf der Straße gilt beispielsweise in Kolumbien als unpassend. Doch dort gibt es andere Möglichkeiten, die Zuneigung durch kleine Gesten zu zeigen.

So hat jede Kultur andere Normen und Regeln, was sicher auch mit dem jeweiligen Verhältnis zur Intimität zu tun hat. Davon hängt ab, wie man seine Gefühle zeigt, ob man über Schwächen und Emotionen spricht, wie man seine Liebe ausdrückt. Allerdings zeigt eine genaue Betrachtung, dass es hierbei in allen

Kulturen jeweils ganz individuelle Ansätze gibt. In Südamerika trägt das Volk Zo'é Lippenpflöcke, die beim Küssen stören. Stattdessen streichen sich Liebende daher über die Wange. In Indien dient ein Hauchkuss als Zeichen der Nähe. Für die Trobriander, einem Südseevolk, ist das Beknabbern der Augenwimpern ein Liebesbeweis. Und dann gibt es noch den bereits erwähnten Eskimokuss, bei dem Nasen aneinander gerieben werden.

Zudem wird zwar in vielen Ländern durchaus geküsst, aber man praktiziert es anders als bei uns, weil dort die enge Verknüpfung von Küssen als Ausdruck romantischer Liebe nicht existiert. So ist es in Japan üblich, dass der Ehemann seiner Frau durchschnittlich nur einen Kuss pro Tag gibt, da man nach dem Sprichwort lebt: „Den Fisch, den man geangelt hat, füttert man nicht." Viel mehr küsst man sich in China, wo zwei Küsse pro Tag ausgetauscht werden, was aber immer noch erheblich weniger ist als die sieben Küsse, die in Frankreich üblich sind.

## Küsse sind die Sprache der Liebe

Die Grundidee ist jedoch immer gleich: Ein Kuss kann Gefühle ausdrücken, die mit Worten nicht zu beschreiben sind. Offenbar sind Küsse eine Sprache, die wir erst im Laufe des Lebens erlernen müssen. Insofern könnten wir uns alle darum bemühen, noch aufregender, liebevoller, neugieriger zu küssen. Denn dies ist für uns die schönste Möglichkeit, um unser Lebensglück zu steigern. Das erreichen wir, indem wir den Anderen vielfältig unterstützen und auf diese Weise eine tiefe Verbundenheit mit ihm empfinden. Zusätzlich sollten wir ihm dann viel Anerkennung geben und ihm das Gefühl vermitteln, etwas ganz Besonderes zu sein. Wenn diese Basis in einer Liebesbeziehung vorhanden ist, wird das Küssen zu einem emotionalen Abenteuer, zu einem zusätzlichen Band der Liebe.

## Anregung

Stellen Sie bitte Ihrer Partnerin, Ihrem Partner drei Fragen: Was waren in der Jugend Deine Herzenswünsche und kann ich Dir helfen, sie zu verwirklichen? Was bedrückt Dich aktuell und inwiefern kann ich Dich unterstützen. Und worauf bist Du selbst stolz, welche Anerkennung geht Dir unter die Haut?

Wenn wir das wissen und darauf eingehen, wird ein Kuss wirklich zu einer intensiven Begegnung. Und dann spüren wir, dass jeder Kuss ein hochdramatischer Prozess ist, der uns zeigt, ob wir unserem Wunsch nach wirklicher Liebe näher kommen. Das kann uns unbeschreiblich glücklich machen und uns erden und ich habe Ihnen deshalb viele Anregungen vermittelt, damit Sie noch leidenschaftlicher küssen können. Wenn Sie jedoch darüber hinaus das Thema Küssen vertiefen wollen, ist es sinnvoll, dass Sie sich mit der Kunst der Freundschaft, der Liebe, der Selbstachtung, des Humors beschäftigen – worüber ich ebenfalls Bücher geschrieben habe. Ich hoffe sehr, dass ich Ihnen helfen konnte und wünsche Ihnen viel Erfolg bei der Suche nach großartigen Kusserlebnissen.

Mit den besten Grüßen
Wolfgang Krüger

# Literaturhinweise

[1] Statistika, Umfrage in Deutschland zu eigenen Qualitäten beim Küssen 2023

[2] ElitePartner, So oft küssen sich Paare, 2024

[3] Petra Koruhn, Jugend will nur küssen und kuscheln, in: WAZ 2010

[4] esanum 3.2.2020, Jugendliche-erleben-erstes-mal-später-als-vor-10-jahren

[5] B.Z. vom 13.7.22, ein heißer-Kuss dauert 12 Sekunden

[6] Statistika 2.1.2024, Umfrage in Deutschland zu den eigenen Qualitäten beim Küssen 2018, Halten Sie sich für eine gute Küsserin bzw. für einen guten Küsser?

[7] Statistika 2024, Umfrage in Deutschland zur Nutzung von Sextoys

[8] eine nicht repräsentative Umfrage mit 50 Interviewpartnern, mit denen ich tiefenpsychologisch fundierte Gespräche führte

[9] Marina Weißhaupt, in: National Geographic, Der früheste Kuss der Menschheitsgeschichte, 23. Mai 2023

[10] Parship, Tag des Kusses – Lippen sind zum Knutschen da, 5. Juli 2018

[11] Journal of Experimental Psychology: Human Perception and Performance

[12] Jennifer Buchholz, Studie zeigt, ob Deutsche Kussmuffel sind, t-online 2024

[13] Erica Jong, Angst vorm Fliegen, Ecco Verlag 2024

[14] Das Lied handelt von einem siebenjährigen Jungen, die geschilderte Problematik tritt aber eher ab 12 Jahren auf

[15] Marta Ways, Jeder zwölfte Mann findet Küssen unhygienisch, in: Bild, 2024

[16] Pearl Buck, Die große Liebe, Zürich o. D., S. 42 f.

[17] SHR-Fernhochschule, Am 6. Juli ist Tag des Kusses: Warum Küssen uns jünger, gesünder und glücklicher macht. In: idw, Nachrichten, Informationsdienst Wissenschaft

[18] Focus Redaktion online, Studentin küsst Unbekannten in Bar und landet im Krankenhaus, 28.6.24

[19] Ebba Petzsche, Warum Küssen gesund und glücklich macht, ZDF heute – Ratgeber, 6.7.24

[20] ARD Alpha 3.7.24, Chemie der Liebe, Was Küssen mit unseren Hormonen macht, Internetausgabe

[21] Hirsch Apotheke Konstanz, Magazin, Küss dich gesund https://www.helios-gesundheit.de/magazin/news/02/ist-kuessen-gesund/

[22] Maris Schaper, Mehr Knutschen – ohne Sex!? Das wünschen sich 4 von 10 Frauen laut Umfrage, in: Cosmopolitan- 23.4.24

[23] Radio Gong, Interessante Fakten zum ‚Tag des Kusses'

[24]https://www.splendid-research.com/de/statistik/umfrage-fremdgehen-und-datingportale/

[25] https://www.fitforfun.de/news/beziehung-treue-ist-kuessen-schon-fremdgehen-356007.html

[26] https://www.watson.de/leben/fragen-der-liebe/505904111-liebe-und-beziehung-ist-ein-Kuss-schon-betrug-oder-harmlos

[27] Gabriele Kohn, Erst daten, dann schmusen: Warum der erste Kuss alles entscheidet, in: Freizeit 22.4.22

[28] Benno Müchler, Warum die Evolution den Kuss erfunden hat, in: Welt 16.2.2009

[29] Parship, Tag des Kusses – Lippen sind zum Knutschen da, 5.7.2018

[30] eDarling, eDarling-Redaktion, Typisch männlich – wahre Klischees!

[31] Brigitte 9.5.2017, die ganze Wahrheit über Oralsex

[32] ebenda

[33] Gunda Windmüller, Bodyshaming: Männer bekommen öfter Oralsex als Frauen, weil die Vagina verpönt ist, in: Zeit.de 5.9.2016

[34] Weltweite Kussstudie: Nicht alle wollen knutschen, in: Spiegel Wissenschaft 28.07.2015

# Dr. Wolfgang Krüger im BOD-Verlag

**So gelingt die Liebe – auch wenn der Partner nicht perfekt ist.** Wie sich 90% aller Liebesbeziehungen verbessern lassen, wenn wir lernen, eine Partnerschaft mit uns selbst zu pflegen.

**Effi Briest auf der Couch - Eine psychologische Reise durch 12 Liebesromane** Ein ungewöhnlicher Liebesratgeber, in dem das gesamte heutige Wissen über die Kunst der Liebe enthalten ist.

**Eifersucht – Der selbstbewusste Umgang mit einem ungeliebten Gefühl.** Eine sehr lebensnahe Anleitung, wie man die eigenen Eifersuchtsgefühle überwinden kann.

**Treue – Der Konflikt zwischen Begehren und Versuchung.** Dies ist ein Buch für alle, die rechtzeitig einen Seitensprung erkennen wollen, einen Seitensprung verkraften mussten oder lernen wollen, treu zu sein, ohne dass sie das Gefühl haben, auf etwas zu verzichten.

**Die erfüllte Sexualität – Erkenntnisse aus zwölf erotischen Romanen.** Jeder kann einen erfüllten, himmlischen Sex erleben. Mit vielen Hinweisen und Fragen zeigt das Buch auf, wie wir unsere Sexualität verbessern können.

**Über-Leben in der Patchworkfamilie.** Der dänische Erziehungsexperte Jesper Juul schreibt im Vorwort: „Mir gefällt alles in diesem Buch ... Die Schilderung von Wolfgang Krüger und Katharina Münzer kann ein Vorbild für viele Stiefeltern sein."

## Dr. Wolfgang Krüger im BOD-Verlag

**Die Geheimnisse der Großeltern – unsere Wurzeln kennen**
Jeder von uns ist geprägt durch seine Beziehung zu den Großeltern. Ihr Schicksal müssen wir kennen, um die Familiengeheimnisse und Familienaufträge, die Defizite und traumatischen Ereignisse zu entschlüsseln.

**Tomaten, Nachbarn, Gartenzwerge - Wie ich Laubenpieper wurde.** Ein Buch über neugierige und hilfsbereite Nachbarn, über die Komik und den alltäglichen Wahnsinn in einer Laubenkolonie. Und eine Liebeserklärung an das Leben in der Natur: an das Prasseln des Regens, das Geschrei der Krähen und das Glück des Gärtners.

**Humor für Anfänger und Fortgeschrittene** Der Humor ist der wichtigste Schlüssel für unser Lebensglück. Deshalb stellt Krüger ein Humorprogramm vor, das unser Leben innerhalb von drei Monaten tiefgreifend verändern kann.

**Nähe und Autonomie in der Liebe.** Liebe gelingt, wenn unser Wunsch nach Nähe in Erfüllung geht und wir zugleich unsere Autonomie-Bedürfnisse ausleben können.

**Bindungsängste heilen: Die Sehnsucht nach Liebe und die Angst vor Nähe.** Es wird eine bewährte Strategie zur Überwindung von Bindungsängsten vermittelt, die bisher in der Therapie und in Kursen dazu geführt hat, dass die meisten Teilnehmer nach einem Jahr in einer längeren Partnerschaft lebten.

# Dr. Wolfgang Krüger im BOD-Verlag

**Macht und Leidenschaft in der Liebe** Destruktive Machtprozesse sind die wichtigste Ursache für das Scheitern von Partnerschaften. Nur wenn wir bewusst mit diesen Machtprozessen umgehen und faire Konfliktmuster finden, können wir eine lebendige Partnerschaft führen und den Traum einer langen und stabilen Liebesbeziehung realisieren.

**glücklich REICH SEIN** So verbessern Sie den Umgang mit Ihrem Geld und erfüllen sich Lebensträume.

**Das Glück der Liebe finden.** Partnersuche mit Herz und Verstand. Das lebensnahe Buch der erfolgreichen Partnersuche.

**Selbstachtung – So werden Sie glücklich, stark und selbstbewusst.** Das Buch zeigt auf, wie Sie einen völlig neuen, wertschätzenden Blick auf Ihr Leben gewinnen, so dass sich Ihre Selbstachtung erheblich steigern kann.

**Glück ist das beste Medikament: Wie uns die Seele heilt**
Wenn Sie gesund leben wollen, sollten Sie vor allem die Heilkraft der Seele berücksichtigen, von der entscheidend unsere Gesundheit abhängt. Aus meiner 40jährigen Erfahrung als Psychotherapeut beschreibe ich daher neben der Liebe, den Freundschaften, der Selbstachtung mehr als 12 seelische Faktoren, die zu einem guten Immunsystem beitragen.

**Freundschaft: Beginnen - verbessern – gestalten.** Ein anschaulicher Ratgeber für die Kunst der Freundschaft

**Weitere Veröffentlichungen:**
www.dr-wolfgang-krueger.de

**Bitte abonnieren Sie meinen kostenlosen Newsletter**
https://www.dr-wolfgang-krueger.de/

**Oder folgen Sie meinen regelmäßigen Beiträgen auf**
**Youtube**
https://www.youtube.com/@dr.wolfgangkruger641

**oder hören Sie meinen Podcast**
zufrieden und glücklich leben
die praktische Seelenkunde
https://zufrieden-und-gluecklich.podigee.io/